Ein kleines Lächeln im Gesicht

AUTOREN-WERKSTATT 89

Anthologie

Herausgegeben von
Rita G. Fischer

*Zu innigster Freundschaft
und ewiger Zuneigung,
Deine Freundin
Michi ♀ ♡ ✳*

2004

Ein kleines Lächeln im Gesicht

AUTOREN-WERKSTATT 89

Anthologie

Herausgegeben von
Rita G. Fischer

edition fischer
im
R. G. Fischer Verlag

Zum Titel dieser Anthologie
»Ein kleines Lächeln im Gesicht«
inspirierte ein Gedicht von Jan Würthner (Seite 253).

Bibliografische Information Der Deutschen Bibliothek
Die Deutsche Bibliothek verzeichnet diese Publikation in der
Deutschen Nationalbibliografie; detaillierte bibliografische
Daten sind im Internet über http://dnb.ddb.de abrufbar

© 2004 by R.G.Fischer Verlag
Orber Str. 30, D-60386 Frankfurt/Main
Alle Rechte vorbehalten
Schriftart: Palatino 10°
Herstellung: Satz*Atelier* Cavlar / NL
Printed in Germany
ISBN 3-8301-0515-0
ISSN 0724-9543

Inhalt

Vorbemerkung

Sie halten die 89. Ausgabe unserer Anthologie »Autoren-Werkstatt« in der Hand. Seit 1982 veröffentlichen wir diese Reihe, mit der wir Autoren die Möglichkeit geben, auch mit kürzeren Texten an die Öffentlichkeit zu treten, Lyrik und Prosa vorzustellen, mitunter durch Illustrationen oder Fotos ergänzt. Damit haben wir eine Anregung aus dem Kreis unserer Autoren realisiert – und wie sich ersehen läßt, mit großem Erfolg realisiert. Neben den »normalen« Ausgaben gibt es einige Sonderbände, wie z.b. unsere jährlichen Weihnachts-Anthologien, die ebenfalls zum festen Bestandteil unserer Verlagsarbeit geworden sind. 1995 erschien die vierbändige Sonderausgabe »Frischer Wind«, mit der wir gezielt die Presse ansprachen und ermunterten, dort enthaltene Beiträge lizenzgebührenfrei abzudrucken. Das Echo war groß, einigen Autoren wurde so die Tür zu einem größeren Bekanntheitsgrad in der örtlichen und auch der überregionalen Presse geöffnet. Die »Autoren-Werkstatt« wird zweifelsohne auch in Zukunft ein wichtiges Element in unserer Presse- und Öffentlichkeitsarbeit sein. Seit dem Jahr 2000 bieten wir zusätzlich besonders luxuriös ausgestattete Sonderanthologien an, die ebenfalls großes Interesse bei den Lesern wecken.

In der 89. Ausgabe, die Sie in der Hand halten, finden sich wieder viele Gedichte, die mir als Herausgeberin seit jeher besonders am Herzen liegen.

Ebenso vielfältig sind auch die Prosatexte, soll doch eine Anthologie für jeden etwas bieten: Texte der jeweils bevorzugten Art, aber auch anderes, das vielleicht hinführt dazu, sich auch mit neuem, bisher noch nicht wahrgenommenem zu beschäftigen. Keinem Leser einer Anthologie müssen alle Beiträge gefallen – ihr Sinn ist mehr als erfüllt, wenn sie neben bereits bevorzugten Literaturarten Entdeckungen bietet von Texten und Autoren, mit denen man sich in einer Einzelveröffentlichung sonst vielleicht gar nicht befaßt hätte.

Möge dieses Buch viele Leser finden, Stunden voller Lesefreude schenken, mit seinen Texten so manche Herrlichkeit der Welt und der Sprache aufzeigen und dorthin bringen, wo dieses Buch gelesen wird. Mein ganz besonderer Dank gilt den Autorinnen und Autoren, die sich mit ihren Beiträgen beteiligt haben. Viele davon halten uns schon lange die Treue.

Autoren, die sich an weiteren Ausgaben der »Autoren-Werkstatt« beteiligen möchten, werden um Einsendung ihrer Arbeiten unter dem Kennwort »Autoren-Werkstatt« an den Verlag gebeten: R. G. Fischer Verlag, Orber Straße 30, D-60386 Frankfurt am Main.

Rita G. Fischer

Christian Barsch

Erkundungen (48)

Verwandtschaft

Allerlei fällt
manchem ein. Man fragt
Ennis Perlen nach, bezweifelt
deren Schimmer, rundheraus gesagt.

Kunstzenit entstammender Musik
gleicht Perl-Ton, wird, wo Klang auffällt,
glanzvoll zur Rubrik
Herz geschaufelt.

Gute Zunge

Wieder sieht man Frau
Regnur (gern) mit Iele Bürg
(kam vorbei per Zufall) in vertrau-
licher Plauderei (schön anzuschaun
sich umringend Atemfahnen) am
Vormittag über verschneiten Zaun.
Aber schwerlich kommen in Betracht
Unterstellungen; er hat
G. A. mitgebracht.

In anderes Licht mündend

Fernen Frühlings gedenkend,
sein Bunt und Blau zu verehren,/nötigt
kalt Sternenkristalls/perlenhin spiegelnder Schein.

Glühend und rauschend, dahinter voll Gold, dann nebel-
versunken,/reihten sich Sommer und Herbst;/
nun war der Winter verdient.

Frau Regnurs Zaun

Feinst Maschendraht,
schlank Säulen aus Beton:
Von euch, die ihr ihn ständig saht,
wer kennt da seine innere Fasson?
Ist wie ein Mensch, in sich gekehrt und mehr
verquert, von dem man nie erfährt,
wogegen alles er
sich heimlich wehrt.

Läuterung

Zersetzenden Gewalten
beliebigen Zugang verwehrend,
will Zaun um Haus und Garten Wache halten.
Als weit im Land verteilter Helfer zeige
viel menschversehrend, seelverheerend
Markflackereien Baumstolz seine Zweige.
Daß schneewallüber aus bös Glutgebärde,
ihr gräßliches Fleischblut verzehrend,
verklärte Perle werde.

Um klarzustellen

Die dunkle Seite.
Wer möchte des Daseins Schatten
verkennen? Des Rohen schier endlose Breite?
Zerstörerisch böses Gelüst und nimmer Ermatten?
Aus menschlichem Wandeln den Psycho- und Pathologen,
wie beide es werten, häßliches Gräßlich
erscheint für die Seelausgewogen-
heit unerläßlich.

Morgenempfindung
(Einige Linien eines Perlenbildes)

Hoffnungsfroh wandern
Frühlicht steigt freundlichfeierlich her
Wem wohl ahnbare Sehnsuchtsflügel entfalten sich
Unbedingt vorausgesetzte Freiheitsbereitschaft
Weiteststrebende danken für schönste Wunder
Lernbegierige vertrauen Meisterkunstfertigkeit
Überzeugende Vollkommenheit gibt ewige Richtschnur
Die Unerschöpflichkeit der Erdenwelt läßt
zutiefst lebendiges Gewesensein mit
fernedlen Menschheitszielen sich vereinen.

Leis perlen einer Spieluhr Silberspritzer,
tönt munteres Signal von weiten Hängen
der Hügel, eh sich Licht zu weißen Klängen
gen Mittag hebt – sind Spieldosengeglitzer,
Fanfarenstrahl Symbol der Gegenwart,
Getön um Einstmals- und Dereinstbesitzer,
das schwindend sich und schwellend offenbart?
Ein Hier, das jede Zeit umarmt? Ihr Frohen,
von Gesternsilber, Morgengold zu lohen
ist euch geschenkt zu rechter Überfahrt …

Klar wölbt der Tagesgipfel seinen Bogen
und läßt beziehungsvoll des Himmels Ränder
als brüderlichen Doppelhalbkreis schauen –
Wer ahnt da feindliche Gewalten Disharmonien
Weiteststrebende danken für schönste Wunder
Augenfällige Vollkommenheit gibt ewige Richtschnur
Niemand darf herzliche Gütebotschaften beirren
Niemand darf Geheimnisse menschgewordener Zeit
belasten den Klangschleier zerreißen
umfassender Ordnung

Scheidender Sonntag
(Linien eines anderen Perlenbildes)

Schauen und lauschen
Sonne im nachmittäglichen Park
Niemandem sichtbare Gedankenvögel flattern auf
Ausdrücklich betonte Verantwortungslosigkeit
Zweifelerfüllte schämen sich einer Schönheit
Richtungsfremde übergeben sich der Formlosigkeit
Bedeutende Ideale wurden leichtfertig verraten
Die Schneide ungemeiner Gegenwart trennt
mit Macht verlorene Vergangenheit von
verdienter Zukunft der Verlorenheiten.

Fern tropfen Töne einer Harfe Süße,
fliegt Echohall gar eines Horns vorüber,
eh Licht verfließt zu blasser, heimlich trüber
Hinabbahn. Horn und Harfe – sind sie Grüße
an fremde Erben unter morschem Tor,
an Schattenseelen, Nirgendhinmehrfüße
nach Räderrollen, das sich leis verlor,
bevor es näher kommen durfte? Schöner
Trostabend dennoch, lächelnder Bekröner
der Wälder, Traumgoldschein wirft er empor …

Nun haucht Dunst unaufhaltsam kühler, dunkler,
und Dämmerung tritt ein, als ob sie lange
schon dagewesen wäre vor den Worten –
Wo sind alle guten Gestalten freundlichen Klänge
Zweifelerfüllte schämen sich einer Schönheit
Unschätzbare Ideale wurden leichtfertig verraten
Wer mag zu Botschaft verbliebene Reste begreifen
Wer kann zu Geheimnis endlich gewordene Schrift
verstehen die Bedeutung ermessen
stillheiterer Ankunft

Enni Regnur spricht

Schlank hochgewachsne Kiefern
vor hellorangefarbnem Osten
versehen ihren Dienst als Allnachtpfosten.
Zuliebe fremdem fernem Lichtschein? Wie fern
und fremd er kommt, welch Spukschwarz seinen Flug
warum einst buk – getrost, wenn ihr es nicht wißt.
Was immer fremdes fernes Licht verhehle –
wenn dauerhaft in eurer Seele
nur stilles klares Licht ist.

Kerzen

Kugel, Kubus und
Pyramide – Goldgesicht zeigt
jede wie das gute alte Walzenrund.

Wenn man auch um Käufers willen sich enorm
neugestalterisch hält – Licht steigt
schlicht weit über Form.

Versbildhelligkeit

Gedichte gleichen Tagen, ihre
Gesamtheit demnach malt ein Leben. (Viele
Klugtüchtige favorisieren mehr agile
Torheiten; viele finden nicht nur ein Gedicht trist.)

Fein geistert Leuchten um besiedelte Papiere,
da sich zum Spiegelreich Jahrzehnte banden. Allen
Gedichten eignet Trost, nicht nur Gefallen,
wenn jedes denn ganz leise Licht ist.

Carsten Elsner

Das Fagott

I. *Der Mord.*

Noch hat sich der Morgennebel nicht ganz aufgelöst. Immer wieder spielt der Wind mit einzelnen Nebelfetzen zwischen den Krüppelkiefern. Das leise Rauschen des Windes wird nur von vereinzelten Schreien der Bergdohlen übertönt, die hier oben in der rauhen und steinigen Bergwelt der Dolomiten heimisch sind. Die Sonne ist noch längst nicht aufgegangen, aber es ist bereits hell geworden. Da mischt sich ein rhythmisches Knirschen unter die Laute in der menschenleeren Landschaft; dieses Geräusch scheint nicht recht in diese Umgebung zu passen. Eine Maus auf ihrem morgendlichen Erkundungsgang flüchtet vorsichtshalber unter einen Stein. Aus einer Nebelwand treten wie aus einer anderen Welt zwei Männer heraus, deren fester Tritt auf dem Geröllboden das Knirschen hervorgebracht hat. Ihr plötzliches Erscheinen läßt eine Dohle verschreckt in die Luft hinauffahren; ihr Schrei ist eine Warnung an alle, die hier leben und die Eindringlinge fürchten müssen. Unbeirrt und schweigend kommen die beiden Männer auf ihrem steinigen Pfad voran. Es sind Bergwanderer, die das Tageslicht der frühen Stunde ausnutzen, um in der Morgenkühle schon einen Teil ihres Weges auf einen der umliegenden Gipfel zurückzulegen. Die Ausrüstung und der sichere Tritt des vorangehenden Mannes verraten einen professionellen Bergkletterer. Beide Männer müssen von der etwa eine halbe Stunde talwärts gelegenen Berghütte aufgebrochen sein, wo sie auch schon die Nacht verbracht haben. Aus dem Tal kann zu dieser Stunde noch niemand hier oben heraufgelangt sein. –

Noch immer gehen die Männer schweigend hintereinander her. Der Weg steigt ununterbrochen an; dabei schlängelt er sich um immer größere Felsbrocken herum. Die Landschaft wird zunehmend karstiger. Die Wanderer bleiben bei einem Felsen stehen und blicken zurück: gerade gibt der unter ihnen lagernde Nebel den Blick auf ein steil zu ihren Füßen abfallendes Geröllfeld frei, das sich tief unten auf einer grünen Matte unter vereinzelt stehenden Kiefern verliert. Dort etwa verläuft die Baumgrenze. Ehe die Männer ihre Wanderung fortsetzen, wechseln sie kurz einige Worte. Der Klang der menschlichen Stimme verfremdet genauso die Morgenstimmung wie die Geräusche der knirschenden Steine unter den Sohlen. Trotz des frühen Tageslichts hängen in der Kühle und Feuchtigkeit noch irgendwie die Schatten der vergangenen Nacht, und die beiden Wanderer wagen diese Atmosphäre nicht zu stören. So beschränken sie ihren Austausch auf ein Minimum – der eine weist den anderen mit nur wenigen Worten auf einzelne Besonderheiten der Landschaft hin, die ihm doch mitteilenswert erscheinen.

Jetzt setzen sie ihre Wanderung fort. Das Geröllfeld zieht sich nun längs ihres Weges hin, an dessen beiden Seiten der Berg immer steiler abfällt. Der Pfad wird schmaler, und vor den Männern liegt nun der Grat, über den sich das Geröllfeld von der einen Seite des Joches zur anderen hinüberzieht und auf dem nun einsehbaren nördlichen Berghang ebenso steil wieder abfällt. Die Passage über den Grat ist ungesichert, bereitet aber keine außergewöhnlichen Schwierigkeiten. Im Gänsemarsch bleiben die Männer dicht hintereinander; sie erreichen die Mitte des Übergangs, wo der Grat am schmalsten ist. Hier ist Schwindelfreiheit erforderlich, und die unzähligen losen Steine auf dem Weg zwingen die Männer zu besonderer Vorsicht. Plötzlich wird für Sekunden erneut die Ruhe der Landschaft gestört: Als der Vordermann für einen kurzen Augenblick stehen bleibt, versetzt ihm der andere einen kräftigen Stoß in den Rücken. Der Angegriffene verliert das Gleichgewicht und gerät auf dem Geröllboden ins Straucheln. Durch einen zweiten Stoß kommt er unrettbar vom Wege ab und stürzt in den Abgrund. Dieser Vorfall ereignet sich in nur wenigen Augenblicken und ohne Zeugen: das Opfer stößt einen kurzen Schrei beim Hinüberkippen aus, es folgt das dumpfe Geräusch mehrfachen Aufschlagens des Körpers in immer größerer Tiefe und das Kollern eini-

ger losgelöster Steine auf dem Geröllfeld. Nur eine erneut auf-
gescheuchte Bergdohle fährt mit einem Schrei dazwischen.
Danach herrscht eine gespenstische Stille. Der Mann auf dem
Grat blickt kurz und herzlos seinem Opfer nach, dessen zer-
schmetterten Körper er schon gar nicht mehr sehen kann. Entschlossen wendet er sich um und verläßt den Gratweg. Als er
wieder sicheren Boden unter den Füßen hat, beschleunigt er seinen Abstieg. Seine raschen Bewegungen drücken Entschlossen-
heit und Berechnung aus. Schon bald erreicht er die Baumgrenze, wo er im kalten Nebel verschwindet, der sich in der
Talmulde zwischen den letzten Bäumen immer noch nicht aufgelöst hat. Die Bergwelt hinter ihm liegt wieder wie unberührt
da; die geschehene Untat können nur einige Dohlen bezeugen.

II. *Ferdinand.*

*F*erdinand ist zweiter Fagottist der Radiophilharmonie in R…
Der junge Musiker ist mit seinen 27 Jahren eine blendende
Erscheinung, aber seinem brennenden Ehrgeiz, ein berühmter
Fagottist zu werden, fehlt die nötige musikalische und spiel-
technische Begabung. Sein Streben um Anerkennung, dem sich
auch einige menschliche Fehler und Schwächen anheften, versteht er aber im alltäglichen Umgang mit Freunden und Kollegen virtuos hinter Charme und gewandten Worten zu ver-
stecken. Neben seinem krankhaften Ehrgeiz ist es sein größter
Fehler, die Grenzen seines Könnens auf dem Fagott nicht ein-
schätzen zu können. Er bildet sich wer weiß wie viel darauf ein,
die Stelle in der Radiophilharmonie vor vier Jahren nach unge-
zählten vergeblichen Probespielen bei anderen Orchestern
bekommen zu haben. Seine Mitbewerber waren damals zwar
recht gute Musiker, aber für Ferdinand kam der günstige Um-
stand hinzu, daß die Stelle mit der Verpflichtung zum Kontra-
fagottspiel ausgeschrieben war. Auf diesem großen Bruder des
Fagotts und tiefsten Holzblasinstrument im Orchester hatte

Ferdinand einen Vorsprung vor seinen Konkurrenten, und da
für die nächste Spielzeit glücklicherweise mehrere Werke mit
Kontrafagott auf dem Spielplan standen, entschied sich das
Orchester für Ferdinand. Immerhin mußte er noch die Probezeit
überstehen, aber da hatte er sich bei so vielen Kollegen und
beim Chef, dem Generalmusikdirektor, durch schöne Worte
und kleine Gesten derart eingeschmeichelt, daß ihm die Stelle
trotz mancher unüberhörbarer Spielschwächen sicher war. Eine
solche freundliche Geste unter Orchestermusikern ist das leise
Scharren mit dem Fuß während eines Konzerts, um die Solo-
passage eines Kollegen als gelungen anzuerkennen. Manch
einer im Orchester lächelte schon heimlich über diesen Eifer
Ferdinands, weitaus bessere Musiker bei jeder nur denkbaren
Gelegenheit zu beklatschen, aber ein Lob kitzelt doch stets die
eigene Eitelkeit. Das Ausmaß von Ferdinands Ehrgeiz und
seine dunklen Wege, auf denen er ein Ziel mit allen Mitteln zu
erreichen sucht, vermutete jedoch keiner hinter der Maske des
Charmeurs.

Ganz besonders wichtig war Ferdinand von Anfang an der
Aufbau einer Freundschaft mit seinem Kollegen *Eduard*, dem
ersten Fagottisten des Orchesters. Schon der bedeutende Um-
stand, daß Eduards Frau *Sophie* Konzertmeisterin der Radiophilharmonie ist, machte für Ferdinand die besondere Kontakt-
pflege mit Eduard zu einem unbedingten Muß. Bald wurde
hiervon auch der private Bereich berührt. Eduard stellt nun
aber einen gänzlich anderen Charakter vor als sein nur zwei
Jahre jüngerer Kollege. Als ein hervorragender Musiker, offen-
herzig im Umgang mit anderen Menschen und gutmütig bis an
die Grenze der Naivität, ist er ein geachtetes Mitglied des
Orchesters, vor allem bei den Holzbläsern. Auch bei Streitig-
keiten und bei Problemen mit eigenwilligen Kollegen wird er
gerne im Orchestervorstand um seine objektive und von Men-
schenkenntnis geprägte Meinung gebeten. Um einen Sitz im
Vorstand hat sich Ferdinand bisher vergeblich bemüht.

So war es ein Schock für alle zu hören, daß Eduard in den
Dolomiten in diesem Sommer tödlich verunglückt und seine im

achten Monat schwangere Frau zur Witwe geworden ist.
Eduard ist schon immer ein leidenschaftlicher Bergsteiger
gewesen. Oft war er im Urlaub mit seiner Frau von Berghütte
zu Berghütte in den Alpen unterwegs, nur in diesem Jahr blieb
Sophie wegen ihrer Schwangerschaft bei den Wanderungen
ihres Mannes im Tal allein zurück. Nur allzu gern hatte da
Ferdinand dem Wunsch seines Kollegen entsprochen, anstelle
seiner Frau mit ihm auf die Berge zu steigen und so den Som-
merurlaub mit dem Ehepaar gemeinsam in den Dolomiten zu
verbringen. Eduard ist noch nie ein Misanthrop und Einzelgän-
ger gewesen, und was lag da näher, als diesmal die Eindrücke
einer grandiosen Bergwelt mit seinem Freund Ferdinand zu teilen? Als Ferdinand allein von einer Bergtour zurückkehrt und
der entsetzten Sophie und der Bergwacht mitteilt, Eduard habe
auf einem Geröllfeld über einem Abgrund das Gleichgewicht
verloren und sei abgestürzt, zweifelt niemand an seinem unter
wütenden Selbstanklagen vorgebrachten Bericht, dem er bei-
fügt, er selbst habe das Angebot Eduards abgelehnt, den Grat
nur angeseilt zu überqueren. Ohne Zeugen und ohne erkenn-
bares Tatmotiv kommt es zu keinen weiteren Nachforschungen.
Der zerschmetterte Körper Eduards wird noch am selben Tag
mit einem Hubschrauber geborgen. Sophie erweist ihrem Mann
einen letzten Liebesdienst, indem sie ihn auf dem Dorffriedhof
am Fuße der Berge beisetzen läßt. Wenige Tage nach der Rückkehr aus Italien erleidet sie eine Frühgeburt – wochenlang
kämpfen die Ärzte um das Leben ihres Kindes. In dieser schweren Zeit steht ihr Ferdinand treusorgend zur Seite, wann immer
es sein Dienstplan zuläßt. Er unterstützt die Frau seines Freundes mit praktischen Ratschlägen, hilft ihr bei dringenden Repa-
raturarbeiten im Hause und ist mit seiner charmanten und ein-
schmeichelnden Wesensart für Sophie auch ein seelischer Halt.
Die Tochter Sophies wird auf den Namen *Susanne* getauft.

III. *Ein Jahr später.*

Ein knappes Jahr nach Eduards Tod heiraten Sophie und Ferdinand. Sophie ist wirklich verliebt, und Ferdinand fügt seinen Liebesschwüren noch gewichtige Vernunftgründe bei. So ist Sophie auch nicht gezwungen, das umfangreiche Notenmaterial und die Instrumente ihres ersten Mannes zu verkaufen. An ihrem Hochzeitstag schenkt sie Ferdinand Eduards wertvollstes Fagott. Nie hatte es Eduard im Dienst gespielt; es war vielmehr seine ›verlängerte Seele‹ bei seinen Soloauftritten und Kammermusikabenden. Mit diesem Instrument nahm er die beiden bekanntesten Fagottkonzerte, das von *W. A. Mozart* und das von *C. M. von Weber*, auf CD auf und wurde dafür von der Fachpresse mit besten Kritiken belohnt. Als Sophie dieses Fagott mit einem Kästchen alter Rohre an Ferdinand übergibt, sagt sie:

»Als Streicherin habe ich Eduard stets um das Glück beneidet, über seinen verlängerten Atem einen viel intensiveren Körperkontakt zu seinem Instrument und so auch zu seiner ganzen Musik zu haben. Das meinte Eduard, wenn er von diesem Instrument als seiner ›verlängerten Seele‹ sprach. Mich selbst hat der Klang des Fagotts ganz eigentümlich berührt; noch stundenlang ging er mir nicht aus dem Kopf, und … ich kann nicht leugnen, daß ich mich damals erst deswegen so recht in Eduard verliebt habe. Eduard selbst war auch beinahe süchtig nach diesem Stück Holz, mindestens jeden zweiten Tag mußte er die Vibration dieses herrlichen Instruments in all seinen Fingern spüren. Bitte, halte das Fagott in Ehren und mach etwas daraus! Es ist Eduards kostbarstes Vermächtnis.«

Ferdinand nimmt Sophie den Fagottkoffer und das Rohrkästchen aus den Händen und heuchelt übergroße Freude vor. »So bau es doch schon zusammen und probier es aus!« drängt Sophie. Ferdinand wird verlegen. Er weiß, daß das Instrument in seinen Händen nicht so klingen wird, wie es seine Frau von Eduard her kennt. Betont langsam fügt er die einzelnen Teile des Instruments zusammen und steckt eines von Eduards alten

Rohren auf, nachdem er es gewohnheitsgemäß in einer alten Filmdose gewässert hat. Sophie beobachtet jede seiner Handreichungen und wartet gespannt. ›Jetzt wird sie enttäuscht sein!‹ denkt Ferdinand, als er schließlich das Fagott an seinem Schulterriemen befestigt und zu einer B-Dur Tonleiter ansetzt. Doch – was ist das? Kaum hat Ferdinand das mittlere B gegriffen und den Ton angeblasen, rasen seine Finger wie von selbst durch die Griffe der einzelnen Töne über zwei Oktaven hinauf – ein perlendes und gleichsam rauschendes Staccato füllt den Raum. Vom hohen B geht es im doppelten Tempo wieder hinunter, wobei jeder Ton zweimal angestoßen wird; Ferdinand spürt, wie seine Zunge ohne sein bewußtes Zutun vor dem Mundstück vibriert. Voll und rund klingt das Kontra-B als Schlußton der Tonleiter aus dem Instrument.

Mit einem Schrei ist Sophie aus ihrem Sessel hochgefahren. Sie blickt ihren Mann entgeistert an, der bemüht ist, dieses teuflische Fagott möglichst rasch aus den Händen zu legen. »Das hätte jetzt nicht sein müssen!« sagt Sophie entschieden, aber mit belegter Stimme. Ferdinand, noch immer wie betäubt, fragt: »Was denn?« »Na, daß Du Dich genau wie Eduard einspielst!« Ferdinand nimmt Sophie in den Arm, die in Tränen ausbricht. Er entschuldigt sich, sucht nach einer Ausrede und tröstet Sophie, die eben noch glaubte, Eduard spielen zu hören. Während sie ihr Gesicht an Ferdinands Schulter birgt, blickt er fragend auf das auf den Tisch abgelegte Fagott und zweifelt insgeheim an seinem Verstand. Er selbst beherrscht die Technik der Doppelzunge nicht, ohne die eben die Tonleiter abwärts in einem so rasanten Tempo unmöglich hätte gespielt werden können. Ferdinand hatte Eduard stets um diese Fertigkeit beneidet; und jetzt erinnert er sich auch, daß Eduard oft genau mit dieser Tonleiterübung den Klang eines neuen Rohres geprüft oder sich eingespielt hat. Eine Idee schießt ihm durch den Kopf: »Wenn schon, denn schon …« Er erwähnt Sophie gegenüber nichts von dem unheimlichen Vorgang, der sich eben mit seinen Fingern und seiner Zunge an dem Instrument abgespielt hat. Sie schreibt ihren Ausbruch und die Tränen ihrer nervlichen Überreizung am heutigen Hochzeitstag zu und hat den Vorfall bald vergessen. Ferdinand plant jedoch schon seinen nächsten Karrieresprung, zu dem ihm Eduards Zauberfagott Flügel verleihen soll.

Ein Jahr nach Eduards Tod sucht die Radiophilharmonie immer noch händeringend einen Nachfolger. Für das Orchester ist es ein Glücksfall, daß ein junger Musiker vom Konservatorium in R… durch einen gut dotierten Jahresvertrag die vakante Stelle des ersten Fagotts vorübergehend besetzt. Aber das Jahr ist bald um und der junge Fagottist plant, seine Karriere in Schweden fortzusetzen. Die Fagottstelle wurde schon zweimal ausgeschrieben, aber das Orchester konnte sich bei den Probespielen auf keinen Kandidaten einigen. In der auf den Hochzeitstag von Ferdinand und Sophie folgenden Woche ist wieder ein Probespiel angesetzt worden. Die Bewerber sollen diesmal anonym hinter einer Wand spielen. Zwei Tage vorher macht im Orchester das Gerücht die Runde, Ferdinand werde sich auch um die Stelle bewerben. Hinter vorgehaltener Hand werden Witze gerissen; niemand traut dem Charmeur zu, die Endrunde bei der Bewerberauswahl zu erreichen. Und tatsächlich – am Nachmittag des Probespiels fehlt der zweite Fagottist in den Reihen des versammelten Orchesters.

Es hat sich als praktisch erwiesen, Probespiele im Theatersaal des Stadttheaters stattfinden zu lassen, das auch im Haus der Radiophilharmonie untergebracht ist. Die Orchestermitglieder sitzen dann in den bequemen Zuschauersesseln, während die Kandidaten auf der Bühne neben einem Flügel ihren Auftritt haben. 14 Bewerber sind diesmal eingeladen worden, doch schon in der ersten Runde fällt der Kandidat mit der Nummer 7 ganz besonders auf. Als Vorspielstelle wird das Eingangs – Fagottsolo aus *Le Sacre du Printemps* von *I. Strawinsky* verlangt. Kandidat Nr. 7 hat mit dem in der höchsten Lage und im freien Tempo vorgetragenen Solo aus Strawinskys berühmter Ballettmusik nicht die geringsten Probleme: wunderbar voll und rund klingen die Töne – gar nicht gepreßt in der hohen Lage –, und weich wie bei einem Englischhorn fließen die

Triolen in der Melodie dahin. In der nächsten Runde, in der nur noch drei Bewerber übriggeblieben sind, hört sich das Orchester von jedem Kandidaten Ausschnitte aus den ersten beiden Sätzen des Fagottkonzertes von *Johann Nepomuk Hummel* an. In diesem hochvirtuosen romantischen Fagottkonzert wird vom Solisten die ganze Palette der Geläufigkeit in Skalen und Dreiklangsbrechungen abverlangt. Hier legt Kandidat Nr. 7 von Anfang an ein gewagtes Tempo vor, aber ohne jede Verzögerung, ohne Verspieler perlen die Figuren dahin. Wie feinste Tautropfen schweben die einzelnen Töne durch den großen Saal, jeder von ihnen aus einem nadelfeinen Zungenschlag geboren. Im zweiten Satz, einer kantablen Romanze, hören die gebannt dasitzenden Orchestermusiker ein Fagott singen, wie sie es alle noch nie gehört haben. Niemand wagt es, den Satz vorzeitig abbrechen zu lassen – selbst eine breit angelegte Kadenz wird dem Kandidaten zugestanden. Schließlich fällt das Klavier leise wieder ein, und über ersterbenden Akkorden der Begleitung windet sich das Fagott über eine B-Dur Dreiklangsfigur zum Kontra-B hinunter, mit dem die Musik verhaucht.

Sophie, die ganz hinten im Zuschauerraum abseits von den anderen Platz genommen hat, sitzt mit geschlossenen Augen da. Sie weiß, wer eben gespielt hat. Das Orchester und der Generalmusikdirektor haben sich längst für diesen Kandidaten entschieden; eine lange Diskussion wird es nicht geben. Plötzlich zischt es auf der Bühne, und weißer Nebel quillt unter der spanischen Wand hervor, hinter der die Bewerber gespielt haben. Kurz darauf erscheint ein verschwitzter Bühnenarbeiter und verkündet ungefragt und lauthals, eine Nebelkanone im Bühnenboden sei ›einfach so losgegangen‹ – eigentlich sollte sie erst heute abend der Hexenheide in Shakespeares *Macbeth* eine gruselige Atmosphäre verleihen. Niemand hört dem Mann wirklich zu, alle stehen noch zu sehr unter dem Eindruck des Probespiels. Der Mann wird gebeten, die Wand beiseite zu rücken und den Kandidaten Nr. 7 vortreten zu lassen. Der Arbeiter verschwindet im Nebel auf der Bühne. Alle warten gespannt; Sophie hat ihre Augen nur halb geöffnet. Da hört man Schritte auf der Hinterbühne; langsam schält sich die Gestalt Ferdinands aus dem Nebel. Sophie zuckt zusammen. Für einen kurzen Augenblick glaubte sie in den verschwommenen Konturen ihren ersten Ehemann zu erkennen. Als Ferdinand mit Eduards Fagott schließlich vorn an der Rampe steht, ist man im Zuschauerraum ziemlich überrascht. Das hatte niemand erwartet; der Generalmusikdirektor legt seine Stirn in Falten, was meistens nichts Gutes verheißt. Und so kommt es auch: der Chef läßt sich zu einer endgültigen Zusage nicht bewegen. Ferdinand hat das Probespiel zweifelsfrei gewonnen und darf künftig im Orchester das erste Fagott spielen; die Stelle des zweiten Fagotts wird man nun wieder ausschreiben müssen und zunächst mit Aushilfen besetzen. Die Entscheidung, ob er Ferdinand einen unbefristeten Vertrag für die Solostelle anbieten wird, verschiebt der Chef auf einen späteren Zeitpunkt nach der bevorstehenden Auslandstournee der Radiophilharmonie. In sechs Wochen wird das Orchester nach England und Schottland aufbrechen. Bis dahin gibt es noch viel zu tun, und der Generalmusikdirektor hat den Kopf für schwierige Personalentscheidungen jetzt nicht frei.

IV. *Ein Konzertabend in Glasgow.*

*F*erdinand hat sein Ziel nun fast erreicht. Er ist sich seines Platzes am Pult des ersten Fagotts so sicher, daß er Freundlichkeit und Kollegialität seinerseits im Orchester nicht mehr für nötig erachtet. Mehr noch, innerhalb von vier Wochen ist aus dem Charmeur ein Fiesling und Ekel geworden. Eduards altes Fagott ist nun Ferdinands Dienstinstrument, und mit dessen unerklärlicher und nie versagender Mithilfe ist er spieltechnisch unangreifbar geworden. Aus dieser Position heraus tyrannisiert er die Kollegen. Wie früher sein unentwegtes Scharren mit dem Fuß den anderen schmeicheln sollte, so sind es jetzt Gebärden des Unwillens und leise, aber doch vernehmlich zu seinen Pultnachbarn geflüsterte Kommentare, die jede größere oder kleinere Unsauberkeit im Spiel der Kollegen geißeln. Nicht nur jeder im Orchester registriert sein pausenloses Mäkeln, selbst in Konzerten sind schon Zuhörer auf seine Grimassen aufmerksam geworden. Ihm selber aber kann keiner ans Leder – fehlerfrei ist und bleibt sein Spiel auch in den heikelsten Passagen, ob im Solo oder im Tutti.

In den Proben schnitzt er, sofern er nicht spielen muß, betont gelangweilt an seinen eigenen Rohren herum; er hütet sich aber wohl, das Schnitzmesser an Eduards alte Rohre anzusetzen, die er auch ausschließlich auf Eduards Fagott spielt und die sich aus völlig unerklärlichen Gründen überhaupt nicht verblasen. Selbstherrlich, wie Ferdinand nun einmal geworden ist, hält er es überhaupt nicht für nötig, seine eigenen selbstgebauten Rohre einmal auf Eduards Fagott auszuprobieren. Das gespenstische Instrument versagt ja nie! Und niemandem, auch nicht Sophie, vertraut er das Geheimnis an.

Auch Sophie als Konzertmeisterin hat im Orchester keinen leichten Stand mehr. Wenn ihr Mann in launenhafter Willkür nur solche Kollegen hinter den Kulissen und in der Kantine grüßt, die sich vor seiner Überheblichkeit fürchten, so wird von vielen diese Arroganz auch ihrem Einfluß zugeschrieben. Und ihre Ehe besteht immer mehr aus einem Sich-aus-dem-Wegegehen, was beide Eheleute aus unterschiedlichen Gründen tun: Ferdinand aus wachsendem Desinteresse, Sophie aus Angst vor Streitereien und Handgreiflichkeiten ihres Mannes. Unter diesen Umständen wird die Tournee nach England und Schottland angetreten. –

Heute abend findet das Abschlußkonzert der Konzertreise in Glasgow statt. Ausschließlich Wiener Klassik steht auf dem Programm: Am Anfang die *Coriolan- Ouvertüre* von *L. v. Beethoven*, dann die *Sinfonia Concertante* für Oboe, Fagott, Violine, Cello und Orchester von *J. Haydn* und abschließend die Sinfonie Nr. 6, die *Pastorale*, wieder von *Beethoven*. Bei dem

Haydn-Konzert spielt Sophie die Sologeige, und Ferdinand steht erstmalig bei der Radiophilharmonie als Solist vor dem Orchester. Auch der Oboist und der Cellist sind Radiophilharmoniker. Schon einige Zeit vor Beginn des Konzerts hat sich Ferdinand in ein Stimmzimmer zurückgezogen, um sich hier in Ruhe warm zu spielen. Sophie wird erst später aus dem Hotel nachkommen. Als Ferdinand Eduards Fagott zusammengesetzt hat und eines der alten Rohre wässern will, stellt er mit Schrecken fest, daß er das Rohrkästchen im Hotelzimmer liegengelassen hat. »Verdammt noch mal …« Beim Pförtner am Künstlereingang der Konzerthalle läßt er sich mit dem Hotel verbinden und bittet Sophie, ihm das Kästchen mitzubringen. Gott sei Dank hat sich seine Frau noch nicht auf den Weg gemacht. »Schatz, tu mir bitte den Gefallen. Ich liebe Dich!« –

Als Ferdinand in das Stimmzimmer zurückkehrt, trifft er auf den zweiten Fagottisten, einen alten, schon pensionierten Musiker, der für die Auslandsreise der Radiophilharmoniker als Aushilfe eingestellt worden ist. »*Bernhard*, kannst Du mir mal eines Deiner Rohre zum Einspielen überlassen? Meine Rohre bringt Sophie mit. Ich Schussel habe sie im Hotel vergessen.« Bernhard gibt Ferdinand ein Rohr und verzieht sich zum Ausgang, um dort vor dem Konzert noch ein Rauchopfer darzubringen. Wieder allein, steckt Ferdinand das angefeuchtete Rohr auf Eduards Fagott. Als er jedoch zu einer Tonleiter ansetzt, geschieht es. Ferdinand zuckt zusammen. Schwupp – im hohen Bogen fliegt Bernhards Rohr durch das Zimmer und bleibt unter einem Stuhl liegen. Entgeistert blickt Ferdinand erst das Rohr auf dem Boden und dann sein Fagott an. Ein weiterer Versuch: kaum steckt das Rohr wieder auf dem Instrument – ein kurzes Knacken, und das Mundstück segelt durch die Luft. Ferdinand bekommt feuchte Hände, legt das Gespensterfagott rasch auf den Tisch in der Mitte des Zimmers und setzt sich in eine entfernte Ecke. »Was geht hier vor?« hämmert es in seinem Kopf. Nach einigen Minuten erscheint endlich Bernhard wieder. Er überreicht Ferdinand das Rohrkästchen, das ihm Sophie am Künstlereingang für ihren Mann in die Hand gedrückt hat. Aber – Sophie hat die Kästchen verwechselt. Ferdinand schaut auf seine eigenen Rohre, die er vor Wochen selbst gebaut hat. Wieder bekommt er einen heftigen Schreck. Wenn nun das Fagott *seine* Rohre auch nicht akzeptiert? Ihm wird siedend heiß. Gleichzeitig kocht er vor Wut auf seine Frau. Er wird sie erst wieder im Konzertsaal sehen, und vor Bernhard will er sich seinen Unmut und seine Probleme nicht anmerken lassen. So unterdrückt er mit Mühe den Fluch, den er schon auf den Lippen hat und steckt eines seiner eigenen Rohre auf Eduards Fagott – und … es bleibt dran! Ferdinand ist erleichtert. Aber … mit *seinem* Mundstück will das Fagott überhaupt nicht klingen. Er setzt ein anderes Rohr auf. Wieder dasselbe. Kein Ton läßt sich sauber intonieren, und ein Piano ist gar nicht möglich. Wie bei einem Anfänger röhrt das Instrument, unedel und unsauber. Von der gewohnten Mithilfe des Fagotts bei einer schwierigen Passage aus der Concertante kann keine Rede sein. Mit seinen eigenen Mundstücken überläßt das Fagott Ferdinand sich selbst, mehr noch: das verdammte Instrument hält ihn zum Narren. Bernhard, der Ferdinands Einspielversuche erst ungläubig und dann mit stiller Schadenfreude beobachtet hat, bemerkt im Hinausgehen mit einem sarkastischen Unterton: »Das kommt hier wohl von der ungesunden Luft! Draußen ist Nebel aufgezogen. Ganz Glasgow liegt in einer Milchsuppe.« Die Tür fällt hinter Bernhard ins Schloß. Ferdinand erschrickt vor der lauten Klingel, die die Musiker in den Konzertsaal ruft. Ihm stehen Schweißperlen auf der Stirn, seine Hände sind immer noch feucht. Es bleibt ihm keine Zeit mehr – mit Blei in den Beinen folgt er Bernhard auf die Bühne.

Das Konzert beginnt mit der Coriolan-Ouvertüre. Die Unsauberkeiten in Ferdinands Spiel sind schon im vollen Holzbläsersatz unüberhörbar. Er kann machen, was er will: Das Instrument etwas ausziehen, Hilfsgriffe nehmen und mit den Lippen ausgleichen: bei jedem Ton reagiert das Fagott wieder anders – willkürlich und ohne Ferdinand eine Chance zu lassen. Irgendwie übersteht Ferdinand mit betäubten Sinnen den größten Teil des Stücks. In seinen Gedanken ist er schon bei dem sich unmittelbar anschließenden Haydn-Konzert. Da wird die letzte Zeile in seinen Noten kurz vor Ende der Ouvertüre erreicht. »O Gott, der Orgelpunkt! Jetzt ist's aus!« Ferdinand wird leichenblaß: Über 12 lange Takte muß er ein leises, tiefes G aushalten, über dem die Ouvertüre leise ausklingt. Er ist der einzige Bläser, der an dieser Stelle mit den Streichern zu spielen hat. Viel zu hoch kommt das G aus dem Fagott, und gräßlich laut. Ferdinand nimmt den Druck seiner Lippen vom Mundstück so weit wie möglich zurück, um den Ton tiefer zu intonieren. Aber nichts passiert, das Instrument *will nicht* reagieren. Er versucht schon gar nicht mehr, auch noch leiser zu spielen, denn dann würde bei diesem Rohr wahrscheinlich der Ton wegbrechen. So bleibt er laut, und immer noch zu hoch. Unruhe macht sich im Orchester und unter den Zuhörern breit – man blickt ihn schon mißmutig an. Der Generalmusikdirektor gibt ihm Zeichen: tiefer – leiser. Will denn dieser Orgelpunkt überhaupt kein Ende nehmen? Noch drei Takte, zwei, letzter Takt – ein verzweifelter Blick zum Dirigenten, der zornig herübersieht. In seiner Panik verpaßt Ferdinand auch noch den abschließenden Quartsprung nach oben auf das c. Noch vier Pausentakte für Ferdinand, und die Ouvertüre ist endlich aus!

Nach einem kurzen Umbau folgt das Haydn-Konzert. Ferdinand hat sich noch nie so elend gefühlt. Seine Intonation stimmt überhaupt nicht, aus dem Instrument kommen falsche Töne, die er unerklärlicherweise gar nicht gegriffen hat, und mit bleischwerer Zunge hoppelt er in den Sechzehntelfiguren der Ecksätze viel zu langsam den anderen hinterher. Besonders peinlich wird der mittlere Satz, ein an sich stimmungsvolles Andante. Gleich in den ersten vier Takten muß Ferdinand mit Sophie das gesangliche Thema vorstellen – über zwei und eine halbe Oktave mißt der Tonraum, den das Solofagott dabei durchmessen muß. Unbeschreiblich ist, was Ferdinand da in quäkenden Tönen abliefert. Sophie schaut während des Spiels ängstlich zu ihm herüber, im Publikum beginnen einige zu lachen. Ferdinand spielt mit dem Mut der Verzweiflung weiter.

Irgendwann ist alles vorbei; kaum Applaus, der Saal leert sich rasch zur Konzertpause. Im Laufschritt eilt Ferdinand ins Stimmzimmer, um keinem vom Orchester zu begegnen. Er fliegt am ganzen Körper. Mechanisch nimmt er das Fagott auseinander und wischt die feuchten Teile aus. Er muß sich irgendwie beschäftigen; er glaubt, sonst wahnsinnig zu werden. Kurz darauf betritt ein wutschnaubender Generalmusikdirektor den Raum und findet Ferdinand mit vor das Gesicht geschlagenen Händen dasitzen. »Ich verlange eine Erklärung! Das kann doch wohl nicht ihr Ernst gewesen sein! Ich will, daß Sie sich vor dem Vorstand verantworten. Aber jetzt will ich von Ihnen nichts hören! Nur so viel: Zum Solofagottisten taugen Sie offensichtlich nicht! Sie werden ja wohl nicht die Unverschämtheit haben, das zu bezweifeln. Kein Wort! Betrachten Sie Ihre Bewerbung endgültig als abgelehnt! Heute möchte ich Sie hier auch nicht mehr spielen hören. Herr Bernhard Grabovsky wird das erste Fagott in der Pastorale übernehmen. Auf das zweite Fagott verzichte ich. Sonst werden wir hier noch gelyncht. Ich werde mich beim Publikum mit der Notlüge entschuldigen, Sie seien vor dem Konzert unpäßlich geworden und nun schwer erkrankt! Hoffentlich bringe ich das halbwegs glaubwürdig heraus! Das alles hat für Sie ein Nachspiel!« Laut fällt die Tür hinter dem Generalmusikdirektor ins Schloß, der sich mit seiner Standpauke nur noch mehr in Wut geredet hat. Doch nach kurzer Zeit wird die Tür vorsichtig wieder geöffnet. Sophie schaut herein und prüft Ferdinands Verfassung. Sie will ihren Mann trösten. In kürzester Zeit überschlagen sich nun die Ereignisse. Ferdinands Verzweiflung und sein enttäuschter Ehrgeiz suchen ein Opfer und finden es in Sophie. Als sie sich ihrem Mann nähert, um ihn wortlos in die Arme zu nehmen, erhält sie von ihm eine schallende Ohrfeige. »Du alte Schnepfe«, brüllt Ferdinand sie an, dessen Wut nun wie ein Vulkan ausbricht. »Mein Gott, Ferdinand! Was hast Du?« – »Kennst Du nicht mehr das Kästchen mit Eduards Rohren?« »Es lag doch auf dem Nachtschrank«, erwidert Sophie leise unter Tränen. »Dumme Kuh«, schreit Ferdinand weiter, springt vom Stuhl auf und ergreift ein

Rohrschnitzmesser aus seinem geöffneten Fagottkasten. Dann brüllt er weiter: »Eduards Rohre sind in dem *schwarzen* Kästchen, und das steckt immer noch in der Reisetasche im Schrank. Mein Rohrkasten ist blau. Das ist Dir wohl noch nie aufgefallen, wie?« »Ferdinand, was tust Du da?« Sophie weicht zum Tisch aus, Ferdinand mit dem Messer in der Hand schneidet ihr den Fluchtweg zur Tür ab. »Du hast mich ruiniert. Meine Karriere kann ich abschreiben! Fahr zur Hölle und spiel dem Teufel mit Eduard auf!« Er holt aus. Sophie spürt in ihrer Todesangst, wie sie mit der rechten Hand auf dem Tisch an etwas stößt. Es ist der Stiefel des zum Trocknen zerlegten Fagotts. Mechanisch umklammern ihre Finger das Holz, und ehe Ferdinand zustechen kann, schlägt ihm Sophie den Stiefel ins Gesicht. Seine scharfen Kanten reißen sofort eine Platzwunde; Ferdinand strauchelt und schlägt in seiner Betäubung rücklings auf den Boden. Ein gebrochenes Genick bereitet seinem Leben ein Ende. Im Fallen ist er auf eine Stahlkante aufgeschlagen, die die zwei Stufen zur Tür des Stimmzimmers verkleiden.

V. *Nachspiel.*

Weder seiner Frau noch irgendeinem anderen Menschen gegenüber hatte Ferdinand etwas von dem Geheimnis um Eduards Fagott erwähnt. Er nahm dieses Geheimnis mit ins Grab. Fortan taugte das Instrument nie mehr zu professionellem Spiel. Es wurde an die städtische Musikschule in R… verkauft, wo es eine Zeitlang als Leihinstrument Fagottschülern in die Hände gegeben wurde. Als nach einigen Jahren die Musikschule wegen des leeren Stadtsäckels geschlossen werden mußte, verlor sich auch die Spur des rätselhaften Fagotts.

Einige Fachbegriffe und einiges zur Technik des Fagotts.

Als *Rohre* bezeichnet man die kleinen hölzernen Mundstücke, die am Fagott auf das Ende eines gebogenen Metallstücks aufgesetzt werden und mit denen der Ton erzeugt wird. Je nach verwendetem Holz, Abnutzungsgrad und Bauart hängen der Klang des Fagotts, die Tonqualität und die Leichtigkeit der Ansprache von diesen Rohren ab. Die besondere Form der Rohre klassifiziert das Fagott als *Doppelrohrblattinstrument*, zu dem im Orchester nur noch die Oboe und das Englischhorn gehören.

Durch das vorsichtige Nachbearbeiten eines Rohres mit einem Schnitzmesser können u. U. die Tonqualität und die Ansprache verbessert werden. Nach einer gewissen Zeit ist ein Rohr aber ›abgeblasen‹; es verliert seine Klangqualitäten und ist schließlich unbrauchbar. Nicht vorgefeuchtete Rohre geben überhaupt keinen Ton.

Gemeinhin besteht das Fagott aus vier Holzteilen. Der untere und schwerste Teil ist der *Stiefel*. Der tiefste auf dem Instrument erreichbare Ton ist das Kontra-B.

Mit *Doppelzunge* bezeichnet man eine spezielle Anblastechnik mit der Zunge am Rohr, die ein sehr schnelles Staccato ermöglicht. Sie wird allerdings selten eingesetzt.

Mit einem *Probespiel* bewirbt sich ein Musiker bei einem Orchester. Meistens werden Ausschnitte aus bekannten Instrumentalkonzerten vom Kandidaten verlangt, die mit Klavierbegleitung in Anwesenheit des Orchesters vorgetragen werden. Auch *Vorspielstellen* – das sind schwierige Passagen aus der Orchesterliteratur für das Instrument des Bewerbers – werden manchmal verlangt. Gelegentlich spielen die Bewerber auch hinter einer Sichtblende: das soll die Objektivität bei der Kandidatenauswahl gewährleisten. Ein Probespiel besteht aus mehreren Runden; in jeder Runde treten die noch nicht in den Vorrunden ausgeschiedenen Bewerber erneut gegeneinander an.

Aushilfen im Orchester sind Musiker, die für einzelne Aufführungen engagiert und besoldet werden.

Unter *Intonation* versteht man in der Erzählung das Bemühen um die richtige Tonhöhe.

Ein *Orgelpunkt* ist ein lang ausgehaltener Baßton, über dem sich die übrigen Stimmen frei bewegen.

Thomas Heinze

Auto(R)psie

Jeans, hosenknopfgeöffnet
Ausgeblichenes Grüntuch – Parka
Gutsituierter Bürgerhausfassade roter
Importklinker
Goldener Papageienkäfig
Jeglicher verordneter Gemein – schafft
(dort wo man schweigt da besser Schreien wär)
Relegiert
Abitur und ruhelos
Mach Stille nicht aus Blumen.
Literatur in tabakgeschwängerter Kneipen-
Luft – wohlwissend -
Die Bierfahne des Anderen
Gesichter Geschichten vom Leben gezeichnet
Das war und ist die Lyrik des Volkes

An Widerständen – Blutend Hieroglyphen
Notizen auf Bierdeckel: Geschieht im Namen
                           des Volkes auch in
                           meinem Namen oder
                           aber: Gegen das Volk

Bratkartoffelmiteialmosenempfänger derer die
Da wissen: Zweimarkzwanzigbesitzer
            Hinterhofliterat
            Gedankenmillionär (In der
            täglichen Rundschau waren noch gute
            und neue Gedichte zu lesen /
            Im Neuen Deutschland findet man
            keine mehr)

Vorwärtsstolpernd auf dem steinigen Weg
Zu sich selbst
Villon des Berliner Randgebiets

Wider Sodbrand speichelleckender
Karrierakterlosigkeit
Ladenhütender Intoleranz
Spüre mich – der Distel gleich
Konsumsandumgeben
Steppengrasfressend – kargem Boden
Dürste nach Wasser
Freiheit die ich meine
Schlage nach langen durchgrübelten Nächten
Meine Wurzeln
Tief
In diesen Boden -
Flachwurzeler haben wir genug

(1986)

HORRORFILM

Entfernt
Fingerabdrücke
Sensibler Individualität -
Pädagogen zerreden Goethe zu rotem Splitt
Parka benennen gefährliche Dekadenz
Jesuslatschen wirken wie Bekennerbriefe
Sexualität -
Mit dem Leben in einem sozialistischen
Internat unvereinbar
Blüht daher im Fahrradschuppen oder auf
Dem Klo
Ich entlade einen Kipper voller Phrasen
Werde mit »gut« benotet
Ich wage zu fragen
Mein Name wird notiert
NIEMAND beantwortet
MEINE
Fragen.
Die Zahl der Relegierungen sorgt für Ruhe
Gelehrt: Marxismusistgleichwasunsumgibt
Und dieses kritiklos einzulöffeln
Die Bemerkung
Daß doch gerade diese Weltanschauung
Ihre über hundertjährige Aktualität
Aus keinem Dogma sondern
Aus ihrer Kritikfähigkeit bezieht
Erzeugt entsetzt – ängstliche Blicke
Ich wage zu widersprechen
Ich wage zu denken
Und darf geh'n
Klassenstandpunkt: Kommt in die Penne
                      Wir werden schweigen
Sirenen heulen die nächste Stunde ein

(1983)

KNAST

In diesem Tempel zerbrochener Träume
Mauerbehüteter Wahrheit
JENE
Weder Amboß noch Hammer
Seiltanzend auf dem schmalen Grate
Der Möglichkeiten
Heruntergefallene an der Endstation
Ihres Tuns
Konsumdeformierte – Denkende
Suchende

Davor zerfielen polytechnisch geschulte Erwartungshaltungen
Phrasen zu Lügen
Löhne zu Schulden
Ehen zu Staub

Leitartikelrauchend – zigarettentütendrehend
Spüren Sie den Rausch der Lippen
Am blonden Flaum ihrer Schenkel
Armstarke Gitter – Bellende Wachhunde
Zerreißen den Schlaf der Illusion
Reißen ihre »Kelle« runter
Bekämpfen Lust mit Tee
Slanghierarchie: Uhu, Brigdscha
                   Kalf, Spanner
                   Puckel

Sekunden zu Stunden
In den Schlägen der Turmuhr
Dem Entlassungstag entgegen

(1983)

KONVERGENZEN

Winterstarr
Fällt Blüte – Strauch
Flüsternd noch der Eiszeit Hauch
Setzend leis
Wo Kartographen Elbebögen zogen
Kommerziell leicht konvergent
Rhetorik KAPITAL getrennt

Nieder
SACHSEN

Februarregen sanft die Haut
Papierhumus nun aufgetaut
Frühling – wieder
(Ein grüner Tag. April & Moskau)
Entgrenzende Ideen
Sommerhoffnung zaghaft abzuseh'n
Wie dem auch sei: Rosenknospen

In einem langstieligen Glas
Mundgeblasener Eleganz
Entfaltend ihre ganze Pracht
Brücken der Vernunft

(1986)

Vollkommen natürlich

Ist mordfrei in den Himmel zu kommen
Außer ein paar Jahren
Staasiknast (und ich schreibe das immer
noch mit DoppelA)
& sonstiger »ANWENDUNGEN«
Verlust des Vermögens i cetera
Nach der »GROSSEN« Wende
Außer Psychiatrie
Die immer noch mit der Neurologie
Auf einer Station liegt
Ist da weiter nichts
Das überlebt man
Wenn ich auch nicht so recht weiß wie
IRGENDWIE

Ohne Titel (I)

Man braucht jetzt Mountainbikes
Muß man unbedingt jeden Scheiß
Nachäffen den die da im Westen
Haben
Kompliziert gemachte Gerätschaften
Mit ungefähr 20 Gängen
Warum einfach
Wenn es kompliziert geht
Ich fahre immer noch mein gangloses
»Diamant«-Fahrrad
& neuerdings laufe ich mehr
Weil das mit dem Sattel irgendwie
Auf die Potenz fällt
Das ist der Rausch des »Konsums«
Den gab's ja bei uns auch früher
Ihre Autos haben sie jetzt auch
& Stefan Heym saß für die PDS im
Bundestag
Leute kauft Lose
Das Leben ist eine Lotterie
ARBEITS-Lose …
Sozialhilfeempfänger
& eine Menge kaputte Existenzen
& eine Menge Seilschaften
Um ehrlich zu sein
Lieber als daß jeder Zweite seine
Seele verkauft
Ist mir der WESTEN

Ohne Titel (II)

Jetzt gibt's auch hier teure
Sexualität
Man stelle sich den DDR-Bürger vor
Der sich auspeitschen läßt
& dafür in unserer guten alten
DEMARK bezahlt
(mag ja sein daß so manchem damals Macht
erst so richtig bewußt wurde wenn einer
provokativ seinen Ledergürtel abschnallte)
Die Mauer hat uns 40 Jahre lang allerhand
Dreck vom Leibe gehalten
Jetzt werden plötzlich ein paar Leute
Richtig pervers
So muß man das schreiben
Ganz nüchtern
… JA …

Ohne Titel (III)

Das mit der Sauferei war in der DDR
Eigentlich ganz einfach
Mann ging in eine Kneipe
Die mann kannte und trank zehn Bier
Danach war mann zumindest leicht
Angetrunken
Das Bier zu NEUNUNDVIERZIG Pfennig
Ging so bis SIEBZIG Pfennig
Je nachdem wo mann war
Jedenfalls landete mann so bei
FÜNF bis SIEBEN
OSTMARK
Danach fühlte mann sich wohl
Wenn mann nun heute nach den
Stammkunden von gestern schaut
Trifft mann sie in Kneipen
Falls es den Ausdruck überhaupt
Noch gibt
Nicht mehr an
Sie gehen nüchtern durch die
Stadt
& beobachten ihre Feinde ...

Graue Schleier

Gleich der grauen Schleier
Die Nacht
Ansonsten Dahingleiten
Immer wieder gleiche Träume
Bedrohend
Von Realitäten des Seins
Das Schwindelgefühl
Des Menschen
geopfert
Dem endlichen Kampf
Um Leben

Ich schweige

Dieter Jaekel

Das besondere Weihnachtserlebnis

Vater, Mutter und wir Kinder
freuten uns in jenem Winter,
daß die Tante aus der Stadt
den Advent vergessen hat.

Sonst kam sie mit Sack und Pack,
alles lud sie bei uns ab.
Und sie lud sich selber ein,
Weihnachten bei uns zu sein.

Früher kam sie im Advent,
und wir mußten ganz behend
unserem »Familiendrachen«
ganz viel Platz und Ruhe machen.

Dies' Jahr kam die Tante dann
erst zur Weihnacht bei uns an,
und sie machte sich ganz breit,
freut' sich auf die Weihnachtszeit.

Vater schmückt im Wohnungsraum
einen grünen Tannenbaum:
Kugeln, Kerzen – macht er gern –
oben drauf den Weihnachtsstern.

Mutter steht derweil am Herde,
hofft, daß ihre Gans was werde,
und wir Kinder packten ein:
das soll für die Eltern sein.

Nur die Tante sitzt im Zimmer;
trifft man sie, dann schläft sie immer.
Von der Müh' des Jahreslaufs
ruht sie sich bei uns jetzt aus.

Heilig Abend – unterm Baum
liegt für jeden mancher Traum,
eingepackt in Buntpapier –
Kinderaugen leuchten schier.

Auch die Tante wird bedacht,
heimlich haben wir gelacht:
sie bekommt für ihren Knoten
eine Füllung angeboten.

Dann ging's mit der ganzen Sippe
in die Kirch', da gab's 'ne Krippe.
Was der Pfarrer vorne predigt –
für uns Kinder war's erledigt.

Und die Tante war das auch;
hat den Braten noch im Bauch,
liegt im Sessel, uns zum Kummer,
für 'nen kurzen Weihnachtsschlummer.

Und sie macht die Augen zu.
Für uns Kinder hieß das: Ruh!
Sie liegt unterm Tannenbaum
und merkt nicht wie leise, kaum

das Lametta über ihr
– doch wir haben's im Visier –
leise in den Schnarchgewittern
rhythmisch startet, leicht zu zittern.

Tante fängt jetzt an zu pfeifen,
über'm offnen Mund der Streifen
schaukelt mit im Schnarchenstakt –
da hat uns der Schalk gepackt.

Schnellstens holen wir die Scher'
für ein Attentat uns her,
und wir schneiden fix schnipp, schnapp
den Lamettastreifen ab.

Der fällt nicht zum Teppichgrund,
sondern rutscht in Tantes Schlund,
und sie schnarcht, sie stockt, sie prustet,
schließlich sie Lametta hustet.

Dann ist sie auch aufgewacht
und hat Zeterei gemacht:
beinah wäre sie erstickt,
doch es ist noch mal geglückt,

sie am Leben zu erhalten.
Uns half nur das Händefalten,
denn die Eltern waren sauer,
gaben sich als Popohauer.

So gab uns dies Weihnachtsfest
uns're Tante uns den Rest;
doch wir hatten uns'ren Spaß
dieses Jahr – das war doch was?

Herford – 1946!
Volksschule – 4. Klasse!

In der ersten Stunde blieben wir Schüler noch auffallend ruhig. Das lag bestimmt nicht am Fach (Erdkunde), am heutigen Stoff (der Rhein) oder an der vortragenden »Kathederkünstlerin«. Die Mädchen und Jungen waren vielleicht noch nicht ganz ausgeschlafen. Die zweite Stunde dagegen brachte schon mehr Unruhe. In der großen Pause danach sollte es – wie immer – Schulspeisung vom Quäker geben. Und wir wußten nie, was es geben würde. Die Mädchen hörten aufmerksam zu, wie Arminius die Römer schlug. Unser Lehrer wußte genau, wann das war und wo (im Teutoburger Wald natürlich). Der Lehrer wußte es ganz sicher, die Wissenschaft streitet noch heute über den exakten Schlachtort. Wir Jungen wetteten inzwischen über den exakten Inhalt der Schulspeisung. Jeder schrieb auf einen Zettel, was es zu essen gäbe, seinen Einsatz und seinen Vornamen. Es ging um viel: Glasmurmeln oder bunte Sammelbildchen.

Zum Ende der Geschichtsstunde meldete ich mich – »ich muß mal«. Bei jedem anderen Schüler hätte der Lehrer auf die nahe große Pause verwiesen. Ich hatte bei ihm aber einen »Stein im Brett«, er mochte mich, warum, weiß ich nicht. Ich durfte ihm sogar täglich eine Zigarre einkaufen. Mit den zwanzig Pfennigen lief ich also zum der Schule gegenüber liegenden Händler, war für zehn Minuten ganz reich, und erstand dieses dicke, braune Rauchutensil für meinen geliebten Lehrer.

Auf dem Wege zur Toilette erlebte ich die Anlieferung der Schul(quäker)speisung. Zwölf Kannen, also Suppe, keine Schokolade oder Nährstange, aber was für Suppe? Ich öffnete die Kanne: Erbsensuppe! Aha! Damit glaubte ich, alle Wetten für mich gewonnen zu haben. Ich zählte zusammen: 18 Glaskugeln, 4 Tonkugeln, 7 Sammelbildchen, 2 Bleistifte und 8 Griffel (wir schrieben damals teilweise noch auf Schiefertafeln).

Es schellte! Ältere Schüler trugen eine Kanne, Schöpflöffel, Eimer und Aufnehmer in unsere Klasse. Der Lehrer regelte in-

zwischen die Reihenfolge der Essensempfänger: Mädchen
zuerst, und bei den Jungen die schmächtigsten und kleinsten
vorne, die pummeligen ganz hinten. Also stand ich direkt hinter der Mädchenschlange. Wir warteten geduldig, alle mit
einem Töpfchen und Löffel »bewaffnet«, bis wir an der Reihe
waren. Einer der älteren Schüler schöpfte aus der Kanne in das
vor ihn gehaltene Töpfchen, und je mehr jemand »liebdienern«
konnte, desto voller war die Kelle. Mein Töpfchen lief fast über.
Es war ein kleines Henkeltöpfchen aus Email, und es hat noch
viele Jahre seinen Dienst in meiner Familie versehen. Zu viele
Erinnerungen hingen daran.

Zu meinem Schrecken aber gab es heute keine Erbsensuppe,
sondern Linsen. Später erfuhr ich, daß sechs Kannen Erbsen-
und sechs Linsensuppe geliefert worden waren. Von meinem
reichlichen Wettgewinn blieb nichts, ich trug's mit Fassung.
Linsensuppe war so das Unbeliebteste, was uns widerfahren
konnte. An der Spitze standen die Süßwaren (Schokolade oder
gefüllte Nährstangen), dann kamen die Milch- oder Kakaosup-
pen, zuletzt Erbsensuppe, und ganz unten standen Graupen
oder Linsen. An solchen Tagen, wo es letztgenannte Suppen
gab, beschwerte sich die Stadtreinigung regelmäßig.

Tags darauf gab es Schokolade! Und in der dritten Stunde
ließ der Deutschlehrer uns einen Aufsatz nach dem Motto
»mein schönster Ferientag« schreiben. Das Thema aber hieß:
»mein schönstes Erlebnis in der Schule«. Der Lehrer hob damit
ab auf diverse Unternehmungen seiner Klasse: wir waren vor
einigen Tagen mit der ganzen Klasse im städtischen Wannen-
und Brausebad – Mädchen und Jungen, alle durcheinander,
aber züchtig bekleidet (so'n Quatsch!), vor Wochen unternah-
men wir einen Ausflug zum Hermannsdenkmal (Arminius
wurde ja darauf gründlichst durchgenommen), und letzten
Samstag war ein Schulfest – den Anlaß weiß ich gar nicht mehr
– da musizierten einige, andere tanzten. Ich gehörte zu den
Turnern, die Radschlag, Handstandüberschlag und andere
Quälereien auf der Bühne vorführen mußten. Meine Aufsatz-
gedanken gingen an alle dem vorbei. Ich schrieb über den

»Schokoladentag«. Per Wette und anderer Mogelei hatte ich es auf drei Tafeln davon gebracht. So konnte ich meiner kleinen Schwester eine ganze Tafel Schokolade mitbringen. Sie ging noch nicht zur Schule, und in ihrem Kindergarten gab es solche Köstlichkeiten nicht. Als ich meinen Aufsatz Tage später vorlas, war der Lehrer zuerst wohl etwas entsetzt, aber ein Schmunzeln in seinem Gesicht zeigte mir, daß er am Ende doch zufrieden war. Ich durfte weiterhin seine tägliche Zigarre einkaufen.

Die Quäkerspeise endete für mich, als ich zum Gymnasium wechselte, und dort mußte jeder Schüler seine Milch oder den Kakao selbst bezahlen. Über so viel Taschengeld aber verfügte ich nicht – ein oder zweimal in der Woche leistete ich mir das Vergnügen und trauerte sehr der täglichen, warmen Mahlzeit in der Volksschule nach.

Ich schrieb schon über die Beliebtheitsskala der einzelnen Quäkerspeisungen in der Schule. Heute bleibt es mir unverständlich, daß so manche Suppe in die Werre (Fluß durch Herford) oder in den Stadtgraben geschüttet wurde. Einige Schüler trugen ihre Suppe aber auch nach Hause, wo die ganze Familie darüber herfiel.

So ganz wohl war mir nicht dabei, wenn die meisten Schulkameraden ihre Suppe fortwarfen. Ab und zu brachte ich sie daher nach Hause. Aber da gab es noch andere Möglichkeiten. Auf einem Umweg ins Elternhaus lag ein Gefangenenlager. Es waren deutsche Soldaten, die unter freiem Himmel hungerten, scharf bewacht von Engländern. Wenn ich an diesem Lager vorbei ging, konnte ich sicher sein: meine Schulsuppe war begehrt und mein Töpfchen stets leer. Ich riskierte sogar Rempeleien oder rüde »Anmache« durch die Wachmannschaften. Aber die dankbaren Blicke der ausgezehrten, ehemaligen Wehrmachtsangehörigen waren mir Genugtuung, und ich war zufrieden, meine Suppe nicht weggeschüttet zu haben.

In der Rückschau war die Fütterung durch Quäker eine wirksame Hilfe, und unser »Zigarren«lehrer verstand es, in uns Schülern ein Gefühl dafür zu entwickeln, daß empfangene

Hilfe auch eine Verpflichtung bedeutet: anderen zu helfen, wenn sie in Not sind.

Die zwischen Kriegsende und Währungsreform erhaltene Hilfe in Form von täglich einer warmen Mahlzeit oder der »Krönung« (Schokolade, Nährstange) hat mich schon nachdenklich gemacht. Krieg, Bombennächte, Trümmer, wenig zu essen, vom älteren Bruder aufzutragende, alte Kleidung, Kampf um die Existenz (der Vater befand sich noch in der Kriegsgefangenschaft, die Mutter mühte sich um ihre Kinder): ich sammelte Schrott, verkaufte ihn und dann dieses eigentlich unverdiente täglich einmalige Sichsattessendürfen. Der Wert lag bei mir im ideellen, weniger im körperlichen Nutzen. Ich bin nach wie vor – auch Quäker änderte das nicht – dünn und schlank geblieben. Aber das liegt wohl eher an den Genen.

Quäkerspeise

Carepaket und Quäkerspeise
war bei Schülern sehr beliebt.
Sie erfuhr'n auf diese Weise,
daß es doch noch Hilfen gibt.

Ach, was war'n wir nach dem Kriege
schlapp und matt und aufgebraucht.
Viel zu dünn – wie eine Fliege –
uns hat schon die Zeit geschlaucht.

Doch dann kam zur Pausenzeit
zwischen zweiter, dritter Stunde –
jeder hielt den Topf bereit –
eine warme Essensrunde.

Jeder löffelt, was er kann,
seine Suppe in sich 'rein;
jeder denkt: oh Mann, oh Mann,
dafür muß ich dankbar sein.

In der Rückschau: Dankeschön!
So was wird's nicht wieder geben,
dafür wollen wir einsteh'n,
laßt uns alle friedlich leben.

Die Kuh – BSE-verseucht

Es steht ein Rindvieh auf der Wiese,
der Bauer nennt es »dumme Liese«.
Er melkt das Vieh des abends spät,
und es gibt Milch voll Qualität.

Das Rindvieh steht den ganzen Tag,
weil es das frische Gras so mag.
Denn legt es sich zur Ruhe nieder
und kaut genußvoll alles wider.

Doch eines Tages steht es nicht,
es tanzt im warmen Sonnenlicht.
Der Bauer kommt auf seine Wiese
und murmelt nur »du dumme Liese«.

Das Vieh steckt voller BSE.
Der Schlachter kommt, o weh, o weh.
Nun ist die Wiese rindviehfrei,
und mit der Milch ist's auch vorbei.

Der Goldklumpenkönig

Der alternde König saß auf seiner Burg und machte sich Gedanken um das Verteilen seines Erbes. Dabei hatte er eine Schwierigkeit: seine Söhne, die Erbprinzen, waren Zwillinge. Der König hatte sie gleich lieb und wollte keinen bevorzugen oder benachteiligen. Viel hatte er ohnehin nicht zu vererben. Seine Burg zwar und den kümmerlichen Rest in der Schatzkammer: zwei gleich große Goldklumpen. Mit dem Gold war es ja noch einfach, aber wer von den Söhnen sollte Kronprinz und damit Besitzer der Burg werden?

Da kam dem König eine Idee. Er rief seine Söhne zu sich und sagte:»Jeder von euch bekommt einen Goldklumpen. Damit zieht ihr in die Welt, tauscht das Gold, in welche Schätze auch immer, ein. Nach einem Jahr kommt ihr zurück. Und wer den schönsten und teuersten Schatz mitbringt, der soll die Burg erben und mein Nachfolger werden.«

Der König übergab das Gold und die Jungen machten sich auf den Weg. Der eine ritt sofort in die Nacht hinaus, machte aber schon nach wenigen Kilometern Rast bei einem alten Bergbauern und seiner Familie, wo er auch übernachtete. Der andere ließ sich etwas Zeit. Am nächsten Tag aber ritt er auch los.

Nach einem Jahr kamen beide Prinzen zurück. Der zuletzt Losgerittene breitete vor seinem Vater reichlich Kartenmaterial aus. Darin waren all die Ländereien verzeichnet, die er für sein Gold erworben hatte. Der alte König besah sich die Karten aufmerksam und stellte – ganz für sich allein – fest, daß ein Land nur aus Wüste, ein anderes aus Eis und das dritte lediglich aus unwegsamem Gebirge bestand. Er sagte aber nur:»Laß uns sehen, was dein Bruder mitgebracht hat.«

Der Bruder packte sein Bündel aus. Hervor kam der Goldklumpen, den er gar nicht eingetauscht hatte. Unter dem Staunen seines Vaters und des so landreichen Bruders lief er zur Tür, öffnete sie und herein kam eine junge Frau. Sie trug ein etwa drei Monate altes Kind auf dem Arm.

»Vater«, begann er sich zu entschuldigen, »ich habe gar keine Gelegenheit gehabt, den Goldklumpen einzutauschen. Ich mußte mich schließlich um meine Familie kümmern.«

Der König entschied sich – wie wohl?

Meine erste Freundin

Nicht Liane war es, auch Helga nicht. Sicher, für beide habe ich geschwärmt. Liane war ein hübsches Mädchen, etwas herb, aber so unnahbar. Helga lief immer zu schnell zur Schule. Ich paßte sie ab, um ihr folgen zu können – diese Beine! Wenn Helga fehlte, kam ich zu spät zur Schule, weil ich ja auf sie wartete. Mit zehn Jahren ist man halt noch so dumm.

Nein, meine erste Freundin kam gleich im Doppelpack: Herta und Laura. Von meinem Fenster, noch vor der Schule, konnte ich beide beobachten, wenn sie früh zur Arbeit gingen – zusammen. Und spät am Nachmittag kehrten sie – wieder gemeinsam – von ihrem Tagewerk zurück.

Herta hatte eine gebräunte Haut und helles blondes Haar. Laura war etwas dunkler und trug schwarzes Haar. Sie mußten wohl schwer arbeiten. Gingen sie früh morgens frisch aus ihrer Unterkunft, kehrten sie am frühen Abend doch etwas müde zurück. Und das jeden Tag, außer am Wochenende. Ein Mitbewohner der beiden klärte mich auf:»Herta und Laura ziehen samstags und sonntags immer auf's Land.«

Eines Tages, nach ihrer Arbeit, nahm ich meinen ganzen Mut zusammen und besuchte die beiden. Es war ja nicht weit, gerade mal gegenüber meinem Wohnhaus. Ich betrat ihre Unterkunft, die Tür stand offen. Herta und Laura verzehrten gerade ihr Abendbrot. Dabei standen sie, hatten wohl so viel Hunger, daß sie sich keine Zeit zum Hinsetzen nahmen. Genüßlich kauten sie das ihnen Vorgesetzte. Mit freundlichem Blick registrierten sie meine Anwesenheit, ließen sich aber nicht ablenken – bis sie alles aufgegessen hatten. Dann schauten sie beide in meine Richtung, sagten aber nichts. In ihrem Blick lag so viel Wärme, die mich nähertreten ließ. Ich berührte erst Hertas Hals, dann den von Laura. Sie ließen es sich gefallen.

Dann kam der Knecht (»Mitbewohner«) und meinte:»Nicht wahr – Herta und Laura sind doch brave Pferde?« Ich konnte dem nur zustimmen und kam nun fast täglich in den Stall, um meine beiden Freundinnen zu besuchen.

Kirchgang

Jeden Sonntag kurz vor zehn
sieht man die Gemeinde gehen.
Und sie gehen mit Frohlocken,
folgen gern dem Klang der Glocken.

Treffen vor dem Kirchenhaus,
tauscht man schon Geheimes aus:
Weißt du schon? Hast du gehört?
Alles, was Gemeinde stört.

Vor der Tür da steht der Küster,
wen er kennt, den auch begrüßt er.
Und dann kommt auch der Pastor,
der kommt später noch mal vor.

Gottesdienst! Da gibt's am Anfang
der Gemeinde Liedgesang;
und dann tritt der Herr Pastor
ganz in schwarz allein hervor.

Dann, wenn die Gemeinde steht,
sprechen alle ein Gebet.
Schließlich steigt der Pfarrer 'rauf,
läßt der Predigt ihren Lauf.

Letztlich singt der Kirchenchor
der Gemeinde etwas vor.
Unter dröhnend Glockenbammeln
steh'n am Ausgang die, die sammeln.

Alles für 'nen guten Zweck.
Und um elf sind alle weg,
die an jedem Sonntagmorgen
reich beladen nur mit Sorgen

frohgestimmt zur Kirche geh'n
jeden Sonntag gegen zehn.
Doch der Pastor ohne Ruh
schließt nicht seine Kirche zu.

Denn jetzt sind die Kinder dran;
früh geübt – weiß jedermann –
sollen diese Kinderlein
spätr'e Kirchbesucher sein.

Prügelnd vor dem Kirchenhaus
tragen diese Kinder aus,
was in den vergang'nen Tagen
sie an Streit gesammelt haben.

Als der Pastor dann erscheint,
sind auch sie im Glück vereint.
Und sie singen ihre Lieder,
beten auch mal hin und wieder.

Ist der Gottesdienst dann aus,
gehen sie noch nicht nach Haus.
Wieder gibt es vielen Streit,
nicht von der Gottseligkeit,

die der Pastor hat gepredigt –
ja, der ärmste ist erledigt.
Er strebt seinem Hause zu.
Wohlverdient frönt er der Ruh.

Die Moral von der Geschicht':
Kirchbesuch, der schützet nicht
vor dem Bösen dieser Welt,
selbst, wenn's niemandem gefällt.

Olaf Kanter

mozart

wir tranken uns den abend zurecht
wir jungen alten mit einem vertreter
der aussterbenden generation.
stammtischfossil gerti sprach
den satz des abends:
mozart war ein einfacher gerüstbauer.
aufkommende heiterkeit war
zu unterbinden ich zitierte
christoph hein (einfacher rohrleger
liest schopenhauer und erkennt
als geraden weg das labyrinth)
warum nicht das ding mit mozart.
überhaupt: wie viele oktaven
trägt ein gerüst? haben bauwerke
unterschiedliche tonarten?
schließlich: ist das genie tatsächlich
die umkehrfunktion des einfachen
(was haben wir dann
für eine zukunft)

2002

arno und emil oder spätfolgen der werbung

zwillingsbrüder, grau getigerte
kater wenn die vor der haustür
so vater, dich erwartungsvoll ansehen
und reden könnten:
wir hätten gerne
reichlich zu fressen gibt's da
auch was von ratiopharm?

2002

ich saß über amsterdam
(thomas rosenlöcher)

nach neun stunden piste im billighotel
der unmöglichkeit zu parken das auto
war im transferium zehn kilometer
entfernt / bei ajax
und fussball grad keiner.
ich stand mit sheila an einer gracht
sheila aus surinam
und anders war die geometrie heuschreckengleich
radfahrer, grün angestrahlt
der coffeeshop namens grasshopper.
dümpelnde hausboote, ferner geruch
aller kronkolonien. ich käme
gern wieder und sitze
in freital und schaue vom berg.

2002

and the years rolled slowly past
(bob seger)

was solls. die sonnenaufgänge
weichen dämmerung. zeit
zum genießen: guter wein,
ältere jahrgänge ehemals
blühender frauen. asyl beantragen
bei den enkeln. zum letzten mal
das konto überziehen. die nächste
rote karte bedeutet aussetzen
für immer. freundliches erinnern
einer nachtschwester: wisst ihr
noch, der verrückte alte mit den
tausend büchern, der jungen
geliebten, dem kopf voll musik
und sein letzter wunsch: einmal
mit der u 100 gegen schottland.

2002

einfache tage

nach geglückter insolvenz
stehlen andere meine zeit
das rathaus bezeichnet
die hungerhilfe vom arbeitsamt
als reichlich. schwer vermittelbar
testverlierer bei siemens dem
mittelstand zu teuer
als kurier wahrscheinlich
nicht schnell genug.
wiederentdeckung des trinkens
beim saufen. vorfahrtsregeln
und einparken verlernt.

seit gestern im cd-player
FROM SARAH WITH LOVE
ungeachtet eines 11. september
(der terror kommt zu uns,
titelt die zeitung) und: der engel
auf dem cover von GREEN EYED SOUL
stammt aus delmenhorst.
einfache tage. nichts ist
verhandelbar.

2001

das wetter war sommer

als aufspielte STING
vor dresdens ehrwürdiger oper
und vor mir zwei tanzten die
eine vielleicht 14 auf dem köpfchen
handgesticktes tuch man dachte spontan
an schmuck der fröhlichen elefanten
vom tschechischen staatszirkus
mitte 30 die andere, gut gebaut
saubere übergänge ich vergaß
meine 42 der da auf der bühne
sang von den fields of gold war
schließlich noch älter, zwang
eigene erleuchtung weiter zu geben
ans feuerzeug. das wars doch, alter
brüllte ich und mein kleiner elefant
drehte auf seinen füßchen strahlte
mich an die ältere schien
eher entsetzt ihr gesicht
war herbst doch selbst der
verhieß goldene tage. die junge
zu jung der herbst schöne, späte jahreszeit

zu spät für heute. der meister gewährte
drei zugaben ich stand
wie ein trockener alkoholiker
zwischen zwei edlen getränken
und versuchte, harmlos auszusehen

2001

aufgefordert zu feiern

waren wir auf arbeit als die
anderen trainierten unsere beine
schwer von der schicht als
einer ihnen einredete deutlich gewinnen
zu müssen gingen wir tanzen als
alle fragten nach dem spiel
fiel es uns wieder ein als sie
taktik besprachen klärten wir wer
wen mitnimmt als ihr kapitän
sein zeug gebügelt bekam
schraubte unserer am moped für
die zuschauer der höhepunkt ging
uns hinten vorbei als der schiedsrichter
wünschte gutes spiel dachten wir
mal sehen als er zur pause pfiff
na bitte als sie müde waren wurden
wir hungrig und am ende glaubte
es niemand. als sie sich ausliefen
saßen wir beim bier als ihnen
klar wurde waren wir besoffen
als ihr straftraining losging
nüchtern als die sportseite titelte
wahnsinn schon wieder
im dreck der industrie.

2001

es gibt tage, da verliert man

nerven, brüllt zum feierabend
im stau ihr impotenten, hirnlosen / brechreiz
verursachenden verschwindet aus meiner stadt
hängt an der nadel
des drehzahlmessers. langsame bestraft das leben
zu schnelle vorzeitig. die firma
nur erlebnispark für schwere fälle
warum nicht alles auf ein dreibeiniges pferd setzen
weil es am start so fröhlich war
manch einer sucht den notausgang
sogar im puff. selbst die zigarettenhändlerin
aus thailand sieht so traurig aus.
deine prinzessin. findest du
in keinem palast. vergnüge dich
gefälligst mit der reinigungskraft.
es gibt tage da kann man
niemanden umbringen. wirklich alle
zu gut versichert.
müde sein vor wut. ich will keine
neue regierung ich will ein anderes volk.
wie gesagt: es gibt tage, da verliert man.
und an den restlichen
ist wenig zu gewinnen.

2000

jahr des bibers

land unter. was kümmern uns
wasserstände und tauchtiefen angesichts
des eigenen kessels. das nimmt dir
kein tüv ab / wenn flut kommt
bestehst du die wasserdruckprüfung
in eigener sache. tag für tag
mit den paar zähnchen gegen
ausgewachsene bäume. so viel arbeit
um nicht auszusterben.

2000

Too Old To Rock'N Roll:
Too Young To Die

so aussehen, wie man sich fühlt.
zeit für härtere drogen. auszittern
auf dem motorrad. mit stützstrümpfen
ins festzelt. den buckel
nicht vom arbeiten. diamant
in der mülltonne. die letzten
drei haare offen tragen. wunschlos
gierig. nein, herr wachtmeister ich sehe
nur so aus. und wohin wollen sie
mich noch mitnehmen?

2000

second hand

hosen aus dem museum.
schuhe fossilien. nachrichten
von gestern. statt wein
faulendes wasser / in den häfen
röcheln schiffe. ein planet
im finale. diesmal
ist die bombe echt. hoffnung:
schlafender satellit. und wer
da nicht richtig tickt:
der zeitzünder.

2000

noch fragen

dass man dafür
dies getan oder jenes
unterlassen zu haben am ende
die rechnung bekommt
scheint sicher

schulden. oder schuld
vielleicht bezahlen von wegen
jüngstes gericht: alles alte
wiederholungstäter

2000

Ingeborg Keller

Ein Sommertag in den Bergen

Hoch auf den Almen grasen Kühe
langsam steige ich bergauf
erreich' die Höh' mit einiger Mühe
auf einer Bank ruh' ich mich aus.

Blicke auf Wiesen mit üppigen Blühten
auf Berge mit Schnee- und Gletscherspitzen
die in der Sonne wie Edelstein blitzen
und sehe jemanden Ziegen hüten.

Die Tannen ragen hoch empor
Schmetterlinge tanzen in der Sonne
die Vögel zwitschern wie im Chor
vor Lebensfreud' und Wonne.

Vom Felsen springt ein Wasserfall
in der Ferne hör' ich Glockenklang
Grillen schwirren durch die Luft.
Das ist des Sommers wahrer Duft.

Langeweile

*E*s war 10 Minuten vor 11 Uhr am 30. Juli 2002. Das 13-jährige Mädchen Lisa M. lag auf der Wiese. Das Gras war gelb, der Boden war trocken. Seit neun Wochen hatte es nicht mehr geregnet. In der Luft lag kein Blumenduft, es roch nach Staub und Feuer. Stefan M. lag neben ihr. Stefan war Lisas Vetter, ein Jahr älter als sie. Beide sahen aus, als schliefen sie, aber Lisa war tot und Stefan nahe daran, zu sterben.

Lisa war ein hübsches Mädchen und der Schwarm der meisten Jungen im Schulhaus von K., dem 683-Seelen-Dorf, ca. 30 km von München entfernt.

Ein Mann, der Bauer Heinrich, hatte die beiden entdeckt. Nun rannte er in die Dorfkneipe und verkündete lauthals das Unglück. Die Gäste, fast alle Stammgäste, traten aus dem Wirtshaus. »*Erzähl keinen Mist, Mann!*« sagte einer zu Heinrich. Ein anderer lachte. Bauer Heinrich rannte zurück zur Wiese, wo die beiden lagen und schrie: »*Hier – hier liegen sie!*«

Fünfzig Meter weiter auf einer Landstraße kletterte Gülcan T. langsam aus seinem Auto. Die Motorhaube fehlte. Ebenso fehlten der Auspuff, die Hinterachse, die Windschutzscheibe, die irgendwo lagen. Gülcan T. war zwanzig Jahre alt, Automechaniker. Er blutete am Kopf.

Dann kroch Murat S., 18 Jahre alt, aus dem Wagen und nach ihm sein Bruder Süleman S., 22 Jahre.

Die Polizei und ein Ambulanzwagen trafen zehn Minuten später am Unfallort ein. Die Beamten sperrten ab, stellten Lampen auf, fotografierten und befragten die drei jungen Männer. Notarzt Dr. Hugo L. beugte sich zunächst über Lisa. »*Da ist nichts mehr zu machen!*« rief er den Polizisten zu. Dann beugte er sich über Stefan.

Am Straßenrand standen noch immer die Gäste aus der Dorfkneipe und weitere Menschen und sahen zu. »*Das Mädchen wohnt dort drüben!*« raunte einer. »*Ja*«, nickte ein anderer, »*und der Junge ist ihr Vetter, der übers Wochenende zu Besuch gekommen ist, jedenfalls hat mir das meine Frau erzählt!*«

Endlich ging ein Polizist zum Haus, in dem Lisas Eltern und zwei Geschwister lebten, nur ungefähr 100 Meter neben der Wiese. Er nahm die Mütze vom Kopf, drückte sie gegen seine Brust und klingelte. Lisa Mutter öffnete die Tür ... Ein Schrei und dann rannte sie los. Sie warf sich neben Lisa ins Gras und schrie und heulte. Sie nahm Lisa in die Arme, auf den Schoß, sie streichelte ihr totes Kind und drückte es an sich. Sie schrie und schlug, wenn ihr jemand zu nahe kam. Schließlich spritzte der Notarzt ihr ein Beruhigungsmittel in den Arm. Endlich legte sie Lisa ins Gras, stand auf und jemand brachte sie nach Hause. Ein Polizist kehrte die Scherben zusammen. Die Luft roch nach Feuer und verbranntem Gummi.

»Die Schleuderspur beginnt ...«, schrieb ein anderer Polizist in sein Notizbuch, *»... 0,35 Meter links der Leitlinie, also auf der Gegenfahrbahn. In einem Linksbogen führt sie auf den rechten Fahrstreifen zurück. Dann wieder nach links, über die Gegenfahrbahn hinweg bis an die Betonmauer vor der Alten Schmiede, führt an dieser Mauer entlang und auf dem Bürgersteig bis zur zweiten Aufprallstelle, der Gartenmauerecke des Grundstücks der Familie M. Von dort führt sie weiter auf der linken Seite des Bürgersteiges bis zum Fußgängerstreifen, wo die zwei Kinder gingen, und von dort nach rechts über die Hauptstraße hinweg auf die Seitenstraße, wo der Wagen schließlich zum Stehen kam. Gesamtlänge des Bremsweges 143,5 Meter. Einzelheiten s. beigefügte Skizze und Fotos.«* Ein Rettungshubschrauber senkte sich auf die Wiese. Der Junge wurde an Bord gebracht. Die linke Pupille des Jungen war weit geöffnet und lichtunempfindlich. Blutdruck 90/45, Puls 130. Er röchelte. *»Es erwischt immer die Falschen«,* murmelte der Arzt. Minuten später flatterte der Hubschrauber in Richtung eines Krankenhauses in München davon.

Gülcan T. saß währenddessen in einem Wagen der Polizei und stieß Luft in ein Röhrchen, der Alkoholtest. 0,00 Promille. Murat und Süleman waren verschwunden.

Stefan lag jetzt auf der Intensivstation des Krankenhauses. Nun waren beide Pupillen lichtstarr, Herzfrequenz 152. Er röchelte nicht mehr. Sein Schädel war gebrochen, die Ärzte

öffneten den Bauch, sie entfernten die verletzte Milz, stillten
Blut, das aus der Leber rann.

Die Polizisten vernahmen den ersten Zeugen, den Maler
Erwin D.:

*»Ich war auf dem Weg nach W. Ich fuhr mit einer Geschwindigkeit
von 75 bis 80 km/h. In der letzten Rechtskurve vor dem Ort überholten mich der VW Corrado G60. Ich fahre den gleichen Wagen. Er fuhr
sehr schnell. So schnell, dass ich das Gefühl hatte, ich führe nur 30
km/h. Als er mich überholt hatte, raste er weiter auf dem rechten Fahrstreifen. Dann aber, als er sich der Ortschaft K. näherte, konnte ich ihn
nicht mehr sehen. Und als ich schließlich auch hier eintraf, war es passiert.«*

Die Polizisten brachten Gülcan T. nach München ins
Polizeipräsidium und schlossen ihn in ein Zimmer ein.

Der Abschleppdienst hob den VW Corrado auf einen Last-
wagen. Erstzulassung 10.08.1989. Jetzt nur noch blauer Schrott.

Lisa, 14 Jahre alt geworden, lag in der Totenkammer der
Dorfkirche von K., halb zwei Uhr nachts. Der Notarzt Dr. Hugo
L. sah sich das Kind an und schrieb in sein Notebook:

*Gesetzlich vorgeschriebene Untersuchung betrifft Tod der Lisa M.,
geb. 03.06.1985, wohnhaft in K., 150 cm groß, liegt auf dem Rücken,
die Pupillen weit, lichtstarr, die Schneidezähne fehlen, der Eckzahn
rechts ist locker. Todesursache Unfalltod.*

Zur gleichen Zeit erzählte Gülcan T. den Beamten, *»die
Wahrheit ist, dass ich kurz vor der Ortschaft K. wohl zu schnell gefahren bin, auf der Landstraße vielleicht mit hundertzehn, wahr ist, dass
mich ein schwarzer VW Corrado G60 mit Münchener Kennzeichen
überholt hat und dass der am Ortseingang von K. vor mir fahrend
plötzlich gebremst hat; wahr ist, dass ich – Gülcan T. –, just im
Augenblick, als der andere bremste, mir eine Zigarette habe anzünden
wollen, dass ich deshalb ins Schleudern geriet und auf eine Mauer
fuhr und dann nichts mehr sah. Nein, Kinder habe ich keine gesehen,
keine Fußgänger, niemand. Später erst habe ich welche im Gras liegen
sehen.«*

»Sagen Sie die ganze Wahrheit?«

»Das ist die Wahrheit!« sagte Gülcan T., der nichts lieber tat

als Auto fahren, 5000 km im Monat. Er unterschrieb, *Gelesen und bestätigt: Gülcan T., 04.09.1999.*

Stefan T., 15 Jahre alt, starb zwei Stunden später auf dem Operationstisch. Seine Bauchschlagader war auf einer Länge von vier cm gerissen, der Schädel eingeschlagen.

Am nächsten Tag wurde Gülcan T. dem Untersuchungs-richter vorgeführt.

»Wie kam es zu dem Unfall?«

»Am Freitag …,« begann Gülcan T., *»…war ich den ganzen Tag zu Hause. Am Abend dann habe ich mich mit zwei Kumpeln getroffen, Murat und Süleman S. Wir wussten nicht, wohin wir fahren könnten, sind schließlich nach E. gefahren und haben dort das Shoppingcenter besucht, aber es ist nichts los gewesen dort. Also sind wir zum Bahnhof gefahren, zum Imbissstand, wo einer arbeitet, den wir kennen. Dann, kurz vor neun, sind wir zum türkischen Kulturzentrum in G. gefahren, weil dort eine Party los sein sollte. Aber es war nichts los dort, also gingen wir sofort wieder. Dann gingen wir in G. in die Pizzeria Angolo. Dort trank ich ein Bier, sicher nicht mehr. Eigentlich trinke ich überhaupt keinen Alkohol. Ich bin Muslim. Ich weiß nicht mehr, was meine Kumpel getrunken haben. So um halb elf haben wir das Lokal verlassen.«*

»Machten Sie mit dem anderen VW Corrado ein Rennen?«

»Nein.«

»Weshalb sind Sie so schnell gefahren?«

»Grundlos. Ich weiß es nicht.«

»Nach dem Stand der Untersuchung hat Ihr Verhalten zum Tod von zwei Menschen geführt. Was sagen Sie dazu?«

»Scheiße!«

Es war Samstagnachmittag. Wieder standen Menschen auf der Straße und blickten hinüber auf die Wiese hinter dem großen steinernen Kreuz, das in der Mitte des Dorfes K. stand. Jemand hatte rote und gelbe Dahlien ins Gras gelegt. Autos fuhren vorbei.

Am gleichen Tag befahl der Untersuchungsrichter, Gülcan T. sei wegen Verdunklungsgefahr weiterhin zu inhaftieren. Man brachte den jungen Mann, der, seit er Autofahren durfte, vier Autos besessen hatte, zuerst einen Audi Coupé, dann einen BMW 325, dann einen Opel GSI, schließlich den VW Corrado G60, ins Gefängnis. Dort nahm man ihm seine Sachen ab, 41 DM und 35 Pfennige, zwei Kreditkarten, eine vergoldete Armbanduhr, das Handy, und sperrte ihn in eine Zelle. Häftling Nr. 199970449, Geburtsdatum 04.02.1979, Familienstand: ledig.

In der Totenkammer der Dorfkirche von K. brannten vierzehn Kerzen.

Der Sonntag war hell und warm, 05. September 1999. Notarzt Hugo L. saß zu Hause am Tisch und schrieb ins Reine: *Blutung aus beiden Ohren, das rechte Trommelfell perforiert. Schädelkalotte intakt. Der Oberkiefer ist vorne eingedrückt. Feinblasiger Schaum vor der Nase. Totenstarre noch nicht eingetreten, weil das Mädchen von der Mutter am Unfallort fortwährend umarmt und bewegt wurde.*

Es war halb vier am Nachmittag, als sich die Brüder Süleman und Murat, beide arbeitslos und ohne Ausbildung, bei der Polizei in München, Bezirksdienststelle P. meldeten, und sagten, sie hätten eine Aussage zu machen.

»*Was ist los?*« fragte Wachtmeister G.

»*Ich habe …*«, sagte der Ältere, »*… heute Nachmittag geschlafen, bis mein Bruder mich geweckt hat und gesagt hat, he, die Polizei sucht uns, es ist besser, wenn wir uns melden.*«

Wachtmeister G. rief Verstärkung, dann verhörten sie die zwei jungen Männer:

»*Also, es war ein langweiliger Abend gewesen, dieser Freitagabend*«, begann Süleman, »*als wir gegen neun Uhr auf unseren Kumpel Gülcan T. stießen. Ich und mein Bruder waren mit meinem BMW unterwegs, wollten sehen, ob irgendwo was los war. Wir haben gequatscht und nicht gewusst, wie wir den Abend verbringen sollten, bis Gülcan sagte, am liebsten würde er mit seinem Corrado durch die Gegend fahren. Ich parkte meinen BMW auf der Straße in der Nähe unserer Wohnung und wir stiegen in seinen Wagen. Bis halb elf sind wir also durch die Gegend gefahren, zuerst zum Einkaufszentrum, dann zum Imbiss am Bahnhof, dann nach G. zu unserem Kulturzentrum und dann noch zu einer Pizzeria. Einer von uns Dreien ist dann irgendwann auf die Idee gekommen, man könne doch nach K. fahren und dort vielleicht eine Bekannte treffen. Wir fuhren los und plötzlich auf der Landstraße fuhr neben uns ein Corrado mit genau den gleichen gelben Lampen, kein 16V, kein Zweiliter, kein VR6, ein normaler gleicher G60, nur schwarz statt blau, 1,8 Liter, vier Zylinder, G-Lader, Höchstgeschwindigkeit 225 km/h. Schneller als 140 sind wir nicht gefahren.«*

»Haben Sie mit dem Corrado ein Rennen veranstaltet?« fragte Wachtmeister G., der alles aufschrieb.

»Mit dem Unfall haben wir nichts zu tun, Gülcan T. ist gefahren!«

»Ich muß Sie verhaften. Muß jemand verständigt werden?«

»Ja, sagen Sie meinem Vater, er soll meinen BMW in unsere Garage bringen.«

»Was haben Sie von dem Unfall mitbekommen?«

»Nichts. Der andere Corrado verschwand und wir sind gegen eine Mauer geprallt. Wir sind dann alle drei ausgestiegen und ich und Murat haben uns dann vom Acker gemacht. Wir hatten ja nichts damit zu tun, jedenfalls nicht direkt. Und die zwei Kinder haben wir auch nicht gesehen. Es war ja dunkel.«

Montagmorgen, 06. September. Lisas Sitzplatz in der Klasse blieb leer. Die Lehrerin, Frau F., versuchte die Klasse zu trösten. Manche weinten. Ein Mädchen fragte, ob es wahr sei, dass Lisa, bevor sie an jenem Freitagabend mit ihrem Vetter Stefan zu einem Spaziergang durch das Dorf aufbrach, sich zu Hause mit den Worten verabschiedete: *»Ich gehe für immer!«*

Gülcan T. wurde aus seiner Zelle im Gefängnis geholt.

»Sind Sie bereit, wahrheitsgemäße Aussagen zu machen?« fragte der Untersuchungsrichter.

»Ja. Ich habe in jener Nacht den anderen Corrado normal überholt.«

»Weshalb?«

»Einfach so! Doch der ist uns dann ständig gefolgt, nur drei, vier Meter hinter uns. Mehr als 140 hatte ich nicht auf dem Tacho. Dann, auf der langen Geraden, die ins Dorf K. führt, hat der andere Corrado uns wieder überholt und ist verschwunden, und dann hat es bei mir Klick gemacht und ich gab Gas. Ich dachte mir, dem zeige ich es. Ich schaltete in den vierten Gang und gab Vollgas.«

Kurz nach neun Uhr am 7. September 1999 begannen im Institut für Rechtsmedizin der Universität zwei Ärzte damit, die Leichen von Lisa und Stefan zu untersuchen. Sie arbeiteten sieben Stunden, sahen sich die Wunden an, die Brüche, die Organe, Herz und Hirn, und schrieben auf, was sie feststellten: *Die Schürfung und Blutung der Haut an der Rückseite des rechten Oberschenkels von Lisa lässt sich deckgenau mit dem Reflektormuster des Scheinwerfertopfs des zerstörten VW Corrado in Übereinstimmung bringen. Sogar die Wölbungen der Reflektormulden (Sitz der Birnen) sind passgenau auf der Haut abgeformt.*

Am Mittwoch wurde Lisa nach K. überführt. Ein Bestatter legte das Mädchen in den Sarg, er kämmte ihr Haar und drückte ihre Augen zu. Lisa Mutter und Verwandte saßen in ihrem Haus 100 m neben der Wiese und tranken schweigend Tee. An der Wand, neben Blumen aus Seide, hing Lisas Foto. Sie war der Schwarm der Jungen gewesen.

Der Untersuchungsrichter nahm den drei jungen Männern die Führerscheine ab und entließ sie in die Freiheit.

Am 10. September 1999 wurde Lisa beerdigt. Der Tag war grau und warm.

Dann kam der Winter, die Welt feierte das neue Jahrtausend, die Familie M. hielt es in K., hundert Meter neben der Wiese, auf der Lisa gestorben war, nicht mehr aus und zog weg.

Und es wurde Sommer. Rechtsanwalt Hermann M., Stefans Vater, beschloss, sich mit dem Unfalltod seines Sohnes, der ihm so ungeheuerlich und sinnlos erschien, nicht länger abzufinden und erstattete gegen die drei jungen Männer Anzeige wegen fahrlässiger und vorsätzlicher Tötung in zwei Fällen und wegen mehrfacher Zuwiderhandlung gegen das Straßenverkehrsgesetz.

Staatsanwalt Peter V. übernahm den Fall und klagte am 12. März 2001 auf 32 Seiten Papier. Sieben Jahre Haft für Gülcan T., sechs Jahre für Süleman und Murat S. *Eine Anklage, die es in Deutschland so noch nie gab*, schrieb eine Zeitung.

15. März 2002. Lisa und Stefan waren seit zweieinhalb Jahren tot. Es war Freitag, ein heller, kühler Tag. Das ZDF wartete

vor den Gerichtsgebäude. 9 Uhr morgens. Gülcan T., Süleman und Murat S. saßen auf der hölzernen Anklagebank. Drei Richter, zwei Schöffen, Große Strafkammer. Die Verteidiger übten den Schaumschlag, sie verlangten, den Staatsanwalt und das Gericht für befangen zu erklären, den Staatsanwalt deshalb, weil er sich öffentlich zum Fall schon geäußert hatte, das Gericht deshalb, weil es nach den verschiedenen Berichten in den Medien über den Fall gar nicht mehr in der Lage sei, unabhängig zu urteilen. Die Richter wiesen die Angeklagten, die Gerichtsreporter und die Zuschauer aus dem Saal, sie berieten sich lange und entschieden, weder den Staatsanwalt noch sich selber für befangen zu halten. Sie riefen die Menschen wieder in den Saal. Die Verteidiger verlangten, ihre Mandanten seien vom Vorwurf der mehrfachen vorsätzlichen Tötung freizusprechen und höchstens mit einer Haftstrafe von 18 Monaten auf Bewährung zu bestrafen. Die drei Angeklagten saßen ruhig auf der hölzernen Anklagebank und schwiegen.

Lisa und Stefan, gingen auf dem Bürgersteig und mussten sterben.

Gülcan T., Süleman und Murat wurden zu eineinhalb Jahren Gefängnis verurteilt. Die Anwälte legten Berufung ein beim Oberlandesgericht in München.

Warum?

2003 wurden in Nordrhein-Westfalen ca. 90.000 Enten, Gänse und Hühner und in Deutschland über 28.000.000 Hähnchen infolge der Geflügelpest vergast...

In den deutschen Geflügelmastbetrieben sind bis zu 80.000 Hähnchen in einer riesigen Halle zusammengepfercht. Sie haben keinen Platz zum Scharren. Viele sind verkrüppelt. Sie kennen weder Tageslicht noch frische Luft. Ihre Nahrung: Mastbeschleuniger...

60 % aller Bienenvölker in Europa sind 2003 durch die Varrona-Milbe eingegangen...

Immer öfter werden in Deutschland Brieftauben gefangen, um sie zu verzehren...

Die Polarbären sterben infolge der Klimaerwärmung aus...

In China werden 2004 wegen »Angst vor der Lungenkrankheit SARS« 10 000 Schleichkatzen getötet.

US-Amerikaner töten in den Vorstädten massenweise Alligatoren.

Noch in diesem Jahrhundert, also bis 2099, werden die Vögel weltweit durch Umweltzerstörung, insbesondere durch Rohdung und Verbrennen der Wälder, aussterben...

Jahr für Jahr werden viele Tausende Kröten, die ihre Laichplätze erreichen wollen, beim überqueren der Straßen getötet...

Autofahrer dürfen Füchse und alle kleineren Tiere straflos überfahren...

2

Jede Woche – meist Mittwochs – werden in Japan in den Tierheimen die täglich dort abgegebenen Hunde vergast...

Mehr als 2.100.000 Versuchstiere starben z.B. in 2001 in den deutschen Versuchslaboren. Sie hatten Todesangst, denn auch Tiere haben ein Bewusstsein...

In Kanada werden aus Spaß am Schießen massenhaft Grislybären abgeschossen...

In Osteuropa (Polen, Rumänien, Türkei) werden ständig tausende Vögel (z.b. Stieglitze) gefangen und nach Deutschland geschmuggelt. Die meisten gehen beim Transport in den engen, luftdichten Kisten elendig zugrunde...

Auf der Insel Riems (auch »Insel des Wahnsinns« genannt) werden zur Zeit – aus »Forschungsgründen« – mehr als 50 Kälber gezielt mit BSE infiziert, die daran in wenigen Jahren qualvoll sterben werden...

Die Beamten des deutschen Landwirtschafts-Ministeriums haben den 9 Millionen Muslimen in Deutschland wieder erlaubt, anlässlich des islamischen Opferfestes jeweils Anfang Februar eines jeden Jahres, Schafe zu schächten, das heißt, den lebenden Schafen die Kehle aufzuschneiden, um die Tiere langsam und qualvoll ausbluten zu lassen, was den Muslimen beim Zusehen eine sexuelle Befriedigung verschafft...

In den Tropenwäldern Südafrikas sind die Schimpansen Freiwild für Soldaten und Wilderer trotz Artenschutz-Gesetze. Sie hacken den Affen die Hände ab, um sie als »heilbringende Löffel« zu verkaufen...

In Japan werden den Krebsen lebend die Beine ausgerissen, um sie roh zu verzehren...

Jahr für Jahr werden ca. 140.000 Pferde aus Polen, Rumänien, Ungarn und Litauen in oftmals zweistöckigen »Vieh«-transportern unter qualvollen Umständen in die Schlachthöfe Europas gekarrt...

3

Hunderttausende Pferde werden in Europa in den Wintermonaten in Anbindehaltung in dunklen, engen Ställen gehalten, meist in vergitterten Einzelboxen und ohne Auslaufmöglichkeit...

Allein in Deutschland werden jährlich 40 Millionen (40.000.000) Schweine geschlachtet...

Den Küken in der Massentierproduktion werden die Schnäbelchen abgehackt, damit diese sich während ihres kurzen Lebens nicht gegenseitig zerhacken...

Zur Zeit sind ca. 100.000 Chemikalien auf dem Markt (z.B. gegen »Unkraut« und sog. »Schädlinge«), die an Versuchstieren (Mäuse, Ratten, Meerschweinchen, Kaninchen, Hunde) getestet werden...

In vielen Ländern werden Esel und Kamele ihr Leben lang als Lasttiere missbraucht und oft genug müssen sie so schwere Lasten (z.B. dicke Touristen) tragen, dass sie immer wieder unter ihnen zusammenbrechen...

In vielen sog. Gourmet-Restaurants wird Fleisch von »erstickten Enten« und Leber von »gestopften Gänsen« als Delikatesse serviert...

Nach wie vor töten Japaner und Thailänder massenweise Wale und Delfine, trotz weltweitem Verbot...

Allein in 2003 wurden auf der Insel Mallorca 2.100 Katzen und Hunde in den Tierheimen eingeschläfert...

Allein in 2003 wurden ca. 150 Seeadler durch Schrotflintenschüsse getötet...

Täglich sterben weltweit 130 Tier- und Pflanzenarten aus…

4

Im Januar 2004 wurden in China 400 Millionen Hühner, Enten und Gänse lebendig vergraben aus Angst vor der sog. Geflügelpest…

Kanada: Vor Labrador und Neufundland dürfen bis Ende Dezember 2004 bis zu 975 000 Robben abgeschlachtet werden…

In Ägypten werden Schafe, die verzehrt werden sollen, in einer stundenlangen (!) Prozedur geschlachtet…

Jährlich werden 90 000 000 Tonnen Fische gefangen. Folge: 90 % aller Raubfische sind verschwunden…

Alles das und vieles mehr hat sich erst nach 1945 entwickelt...
Millionen Tiere sind weltweit in Käfigen und Glaskästen
eingesperrt, oft lebenslang...
In deutschen »Nerzfarmen« wird soviel Umweltgift verwendet, dass sogar die Vögel in ihrer Nachbarschaft dutzend-
fach tot von den Bäumen fallen (Rhein. Post, 09.09.03).
Es lebe der Schwerbehinderte und der Schwerverbrecher,
auf dass immer mehr Menschen den Erdball bevölkern!!

Man wird doch noch fragen dürfen ...

Warum sollen mehr Kinder in Deutschland geboren werden
trotz weltweiterÜbervölkerung? Noch mehr Drogen-
süchtige, Arbeitslose?

Warum ist Rassismus falsch?

Warum seit Jahrtausenden Hass gegen Juden?

Warum werden Dicke, Raucher und Menschen über 60 geäch-
tet?

Warum ist Sex für die meisten Menschen das Wichtigste im
Leben?

Warum sind auch in Deutschland Hunderttausende Gesetze
notwendig?

Warum ist in Deutschland alles verboten, außer - es ist ausdrücklich erlaubt?

Warum werden alle, die Israel hassen, Terroristen genannt?

Warum wurden und werden immer mehr deutsche
Immobilien und Firmen ans Ausland verkauft?

Warum werden immer mehr Arbeitsplätze ins Ausland verla-
gert?

Warum werden immer mehr Gesetze, Waffen, Haft- und psy-
chiatrische Anstalten »produziert«?

Warum werden Drogendealer verfolgt und Zigaretten- und
Schnapshersteller nicht?

Warum wird Mord verfolgt und befohlener Mord (Soldaten) nicht?

Warum braucht Deutschland 16 Regierungen und allein in NRW 5 Regierungsbezirke?

Warum werden heutzutage Moral und Schamgefühl verspottet?

Warum werden und dürfen – auch ohne EU-Beitritt der Türkei – im Jahr 2010 ca. 100 000 türkische Selbständige und 650 000 türkische Arbeitnehmer in Deutschland leben?

Warum dürfen Türken und Juden an deren Osterfest hunderttausende Schafe und Ziegen in Deutschland töten?

Wer sind die Gläubiger der 3 Billionen EUR Schulden der deutschen Bundesregierung? Deutsche oder Ausländer?

Ist der US-Präsident Bush der Herr der Erde? Wenn ja, wer hat ihn dazu gemacht? Die Reichen der Erde? Und wer sind diese Reichen?

Warum gibt der US-Präsident Bush monatlich 4 Milliarden Dollar für Waffen und Soldaten aus statt dieses Geld für bedürftige (US)-Bürger?

2

Warum wird die EU-Osterweiterung unendlichen Schaden für Deutschland bringen?

Warum werden Geisteskranke, Schwerverbrecher und Schwerbehinderte in diesem Land jahrzehntelang wirtschaftlich versorgt?

Warum müssen deutsche junge Männer in zahlreichen Kriegen auf der Erde ihr Leben riskieren, während immer mehr Ausländer nach Deutschland einwandern?

Warum wird durch die Globalisierung die Erde zerstört?

Warum gibt es nur noch 41% deutschstämmige christliche Deutsche in Deutschland?

Warum tolerieren die Talk-Show-Moderatoren auch die schamlosesten Gäste?

Warum haben die deutschen Regierungen in den letzten 40 Jahren das deutsche Volksvermögen hauptsächlich im Ausland ausgegeben?

Warum wird die Todesstrafe für Schwerverbrecher nicht wieder eingeführt?

Warum wurden Politiker wie Herr Schill, Herr Hohmann oder Herr Möllemann fertig gemacht?

Warum können Schwarze ihre Länder nicht regieren?

Warum sitzen in deutschen Grundschulklassen 70 % Ausländerkinder?

Warum studieren an deutschen Universitäten 60 % Ausländer?

Warum sind autoritäre Erziehung, Fleiß, Höflichkeit und Anstand heutzutage tabu?

Warum gab es vor 1945 weder Jugendkriminalität noch Drogenprobleme?

Warum werden Straftäter aus Nicht-EU-Ländern nicht abgeschoben?

Warum zerstören die Menschen die Natur?

Warum essen Menschen Tierkadaver?

Warum lassen Menschen alles mit sich machen?

Warum richten Politiker soviel Unheil an?

Warum können Menschen ab 45 Jahre in Deutschland kaum noch einen Job finden?

Warum hassen sich die Menschen?

Warum wird die Türkei als erstes Land der Erde ein anderes Land – Deutschland – ohne Kriegseinwirkung erobern?

Warum wird jeder Bürger, der öffentlich deutsche Zustände kritisiert, als Volksverhetzer strafrechtlich verfolgt?

Warum dienen Gerichtsprozesse heutzutage nur noch als Mittel zum Zweck in bezug auf die Karrieren der Anwälte und Richter?

3

Warum gibt es heutzutage so massive Tierquälereien, wie noch niemals zuvor in der Geschichte der Menschheit?

Warum werden die 50 000 pädophilen Männer in Deutschland nicht kastriert wie Kater?

Wird es in 10 Jahren noch ein »Deutsch«land geben?

Ist Deutschland bald am Ende? Und wer reibt sich die Hände?

Liebe Leser, Eure (anonyme) Meinung ist gefragt. Bitte richten Sie Ihre Briefe über den Verlag an mich.

Sex ist geil … Ist Sex geil?

Machen wir Sex, weil Sex die letzte Freiheit ist?
Aber ich mag keinen Sex,
wenn seine Zunge sich in meinen Mund bohrt,
wenn ich seinen schlechten Atem rieche und
seine braunen Zähne sehen muss,
ich mag es nicht, wenn seine Zunge in meinen Ohren leckt
und seine schweißfeuchten Hände meinen Körper betatschen
und meine Brüste quetschen.
Wenn sein Schwanz, an dem noch »Wasser«-Tropfen hängen,
in meinen Körper stößt und seinen Schleim dort verschmiert,
(und das ist nur der »Blümchen«-Sex…).
Ich mag es nicht, wenn er nachts schnarrcht und morgens seinen
gelben Nikotinschleim abhustet, ich mag es nicht, wenn seine
bevorstehende Verdauung sich durch das Ablassen von lauten,
übelriechendem Geräuschen ankündigt.
Frage: Ist die Beschäftigung mit dem Unterleib anderer Menschen unsere einzig wahre Bestimmung?

Harald Kolb

David und Angelika

Man kann, wenn man offen für das Neue ist, weit reisen in der Dimension der Seele. Adlerklaue war offen, jedoch jung und unerfahren. Der weiße Mann namens David war gebildet und erfahren. Beide kamen von einer anderen Welt und trafen sich in einem Bereich des Überganges, einem zivilisierten Indianerdorf, welchem die Seele schon geschwächt wurde. Tief im Herzen wusste Adlerklaue, dass ihm seine Schutzseele Goldenes Blatt den Weg erleichterte.

David führte ihn im Dorf herum und versuchte, ihm das Transistorradio zu erklären, aus dem sentimentale, spanische Musik erklang. »Dieser Kasten empfängt Wellen von Energie, welche ausgesandt werden in unseren Städten. Klang ist Energie, keine Magie ist notwendig. Reiner Verstand hat viele Dinge erschaffen, welche selbst wir Weißen nur schwer begreifen.«

»Es muss ähnlich funktionieren wie mein Geist, welcher Stimmen aus dem Jenseits empfängt«, dachte Adlerklaue. »Vielleicht werde ich eines Tages die Welt der Weißen begreifen.«

»Noch bin ich ein Angehöriger meines Volkes«, ließ er David wissen. »Wir werden ›Die Einsichtigen‹ genannt. Wir verstehen viel. Wir wissen, dass wir nur mit dem Wald überleben werden. Auch wissen wir, dass Sonne, Mond und Sterne große Himmelskörper sind und es auf einigen von ihnen Menschen gibt. Unsere Schamanen können weit in andere Dimensionen reisen, haben Kontakt mit spirituellen Wesenheiten und Zugang zum Reich der Toten.«

»Genau davon möchte ich mehr wissen«, meinte David.

»Unsere Leute wissen nichts von den wirklichen Zusammenhängen. Sie sehen den Wald, die Natur als eine Art Kuh, welche man unaufhörlich melken kann, bis sie stirbt. (Es gab im Dorf einige Kühe.) Oder man gebraucht sie zur Erholung. Wenige nur fühlen, dass wir Menschen nicht das Recht haben, uns als etwas Besseres zu sehen, als zum Beispiel einen Baum. Wenige wissen von Naturgeistern.«

Bei einer Familie aßen beide ihr Mittagessen. Der Ethnologe zog sich zurück, um zu schreiben. Adlerklaue verschwand im Wald. Etwas unwohl war ihm bei dem Gedanken, ihn bald zu verlassen.

Kaum Anzeichen von Tieren gab es hier. Ein großer Tümpel erfreute ihn. Er durchschwamm ihn, tauchte auf den Grund, genoss das Gefühl, frei zu sein.

Plötzlich ein Geräusch. Der Krieger in Adlerklaue war erwacht. Seine intensiven Augen beobachteten den Wald. Weiße Hände teilten das Gebüsch, ein weibliches Gesicht mit langen, blonden Haaren kam zum Vorschein. Dann ein junger Körper, bedeckt mit einem weißen Tuch – ein erstaunter Blick.

Adlerklaue wusste nicht, dass die achtzehnjährige Tochter von David zu Besuch war. Sie kam gerade erst von einem Ausflug in ein benachbartes Dorf zurück und wollte ein Bad nehmen.

Adlerklaue schwamm ans Ufer, um sich ein Tuch über die Hüften zu binden. David hatte es ihm geschenkt, da die Leute hier ans Nacktsein nicht mehr gewohnt waren. Missionare hatten hier längst ein Schuldgefühl diesbezüglich verbreitet. Dann deutete er dem Mädchen näher zu kommen.

Schüchtern, aber interessiert kam sie näher und setzte sich neben ihn. »Das muss wohl der junge Mann sein, von dem Vater sprach«, dachte sie. Er war genau so anmutig und natürlich in seinen Bewegungen und Gesten, wie sie es sich vorgestellt hatte.

Sie sahen sich in die Augen und fühlten Zuneigung. Liebe

strömte aus ihren Herzen. Kinder von verschiedenen Welten waren sie, doch verwandt waren ihre Seelen, tief waren ihre Blicke, freundlich ihre Mimik. Angelika, das blonde Mädchen, erkannte, dass dieser Indianer wirklich kein Wort Spanisch sprach. War er ein edler Wilder? War dies ein Zusammentreffen wie von Tarzan und Jane? Ihre Seele erfreute sich an diesen wild-romantischen Gedanken.

Aus dem überzivilisierten Europa war sie. Einige Monate Urlaub wollte sie hier bei ihrem Vater machen. Da saßen sie beide bei einem Tümpel, tief im Amazonasdschungel. Sie fühlten die Einheit zwischen sich und auch zur umliegenden Natur. Der Tümpel spiegelte ihre Empfindungen wider, Worte waren nicht nötig. Beide offenbarten ihre Herzen, beide fühlten sich zuhause.

Im Dorf wartete der Vater, empfing beide mit einem Lächeln. »Meine Tochter ist jetzt deine Spanischlehrerin«, verkündete er.

So kam Adlerklaue jeden Tag der Welt der Weißen näher. Viel wurde ihn gelehrt, viel verwirrte ihn, aber auch einiges verstand er mit seiner klaren Intuition und seiner Gabe, die Dinge in ihrem Wesen zu begreifen.

Doch manchmal war auch er der Lehrmeister. Wenn sie zum Beispiel im Wald spazierten und David von Pflanzen mit Heilkräften wissen wollte. Auch über die spirituelle Natur der Dinge wusste Adlerklaue besser Bescheid. Davids Wissen auf diesem Gebiet stammte hauptsächlich aus Büchern.

Als sie einen Adler betrachteten, der über einer Lichtung kreiste, meinte Adlerklaue spontan: »Dies ist mein Krafttier. Wenn ich geschwächt bin oder Probleme habe, hilft mir mein Krafttier. Ich brauche nur zu lauschen und fühle es.«

»Woher kommt es«, wollte David wissen.

»Aus der Welt der Seelen, ich bekomme Zugang zu diesem Reich durch mein Herz. Ich kann auch dir helfen, dein Krafttier zu finden. Jeder Mensch hat eines.«

Die schöne Angelika, welche ebenfalls den weisen Worten ihres exotischen Freundes lauschte, ergriff nun das Wort. »Ich weiß, wovon du sprichst. In unserem Land gibt es viele Berichte von eurem Volk, von eurer Lebensweise und eurem Glauben. Auch ich kann manchmal die jenseitige Welt wahrnehmen. Doch Einsamkeit und Angst trüben oft mein Herz. Leider wurde in unserer Kultur vieles zerstört. Wir verstehen weder die Natur, noch die Herzen unserer Kinder.«

David wusste, wovon seine Tochter sprach. Er selbst trennte sich von seiner Frau, als Angelika zehn war. Dies in Verbindung mit einem einseitigen, strengen Schulsystem führte zu den Depressionen seiner Tochter. Sie war sehr sensibel und musste sich mit einer Wand um sich schützen. Und diese Wand war eine Gefühlsblockade, welche ihren Schmerz erzeugte. Er selbst hat viel an seinem inneren Gleichgewicht arbeiten müssen. Doch er wusste, dass er zuviel in seinen Gedanken lebte und es ihm deshalb an Herzenstiefe mangelte.

In dieser Nacht hatte Adlerklaue einen Traum: »Unterrichte mit dem Herzen und lerne mit dem Verstand. Diese Leute sind Meister der Gedanken und du ein Meister des Herzens. Lasse deine Gefühle fließen in die Herzen dieser Menschen und ihre Welt wird sich dir öffnen.« Er vernahm diese Worte und war umgeben von gleißendem Licht und einer Energie, die stark, aber sanft war.

Er erwachte und diese Energie war noch immer bei ihm, erhaben und stark und die Worte waren in seinem Gedächtnis.

Die ersten Räder, die Adlerklaue in seinem Leben sah, waren die von einem Spielzeugauto. Ein kleiner Bub zog es hinter sich her. Daraufhin holte David, der diese Szene beobachtete, seinen Reisewecker und sagte: »Sieh mal, Adlerklaue, dieses Spielzeug hat vier Räder, auf denen unsere Technik aufbaut.« Er öffnete seinen Wecker, um das Uhrwerk sichtbar zu machen, und sagte:

»Mit diesem Gerät messen wir die Zeit. Es wird von vielen kleinen, ineinandergreifenden Rädern angetrieben.«

Mit Interesse betrachtete der junge Indianer dieses Wunderwerk der Weißen und mit nachdenklichem Blick sagte er:»Ich weiß nicht, wie man all dies herstellt, doch noch weniger verstehe ich, wieso man Zeit messen sollte. Wir richten uns nach der Sonne, wenn diese nicht sichtbar ist, fühlen wir trotzdem, was wann zu machen ist. Wir tun die Dinge im Rhythmus der Natur. Doch die Zeit einzufangen in einem kleinen Kasten ist für mich unverständlich.«

David erwiderte:»Es gibt vieles in unserer Welt, das du kaum verstehen wirst. Wir leben nicht mehr im Rhythmus der Natur. Unsere Herzen sind verlorengegangen in vielen Dingen, welche wir gar nicht bräuchten. Es gibt aber auch viele Dinge, die unser Leben erleichtern. Doch die Gier der Menschen hat deren Lebensqualität kaum verbessert. Man arbeitet den ganzen Tag, fühlt sich oft müde und krank. Gelacht wird viel weniger im Land, aus dem ich komme. Das Land, in dem wir uns befinden, heißt Kolumbien und wurde von uns Weißen beeinflusst. Doch wenig Gutes hat dies gebracht. Es gibt hier viele Arme und einige sehr Reiche. Aus dem Gleichgewicht geraten ist unsere Welt.«

Adlerklaue wusste nicht recht, was er aus all diesen Worten machen sollte. Als er sich wieder einmal in den Wald zurückzog und sich unter einen großen Baum setzte, überkam ihn ein Gefühl tiefen Friedens. Er fühlte liebevolle, spirituelle Energien in seiner Umgebung.

Halb in Trance fragte er:»Wer bist du?«

Die Antwort kam prompt:»Goldenes Blatt. Ich bin hier, um einiges zu klären. Ich sende dir Gedanken der Liebe. Du bist ein Mann mit Herz, Edler vom Stamm der Einsichten, sei ohne Furcht. Ich, die Seele der Freude, verkünde dir, dass du bald ein neues Leben führen wirst. Solange, bis du genug verstehst.

Denke nicht zuviel über die seltsamen Worte, die du gehört hast. Mit der Zeit wirst du mehr und mehr verstehen. Doch bleibe gewahr, verliere nicht die Fähigkeiten, die dich im Dschungel überleben lassen. Beobachte und horche, dann wirst du in der Welt der Weißen bestehen.«

Adlerklaue erwiderte: »Hab Dank, Goldenes Blatt. Deine Worte sind wie Honig, deine Energie wie reine Gnade. Mut gibst du mir. Prinzessin aus der jenseitigen Welt, ich werde bestehen. Ich bin wie der Baum, an dem ich sitze. Stark sind meine Wurzeln, tief reichen sie in die Erde meines Waldes. Wenn ich den Wald verlasse, wird meine Herkunft mich stützen. Mein Stamm braucht mich und die Verbindung zu ihm wird mir Kraft geben. Und ich weiß, ich werde zurück-kehren.«

Ein anderes Mal war Adlerklaue mit Angelika im Wald unterwegs. Sie setzten sich unter denselben Baum. Angelika hatte Schreibzeug mitgenommen, um ihren Schüler in die Kunst des Schreibens einzuweihen. Adlerklaue hatte bereits eine Basis in der spanischen Sprache und täglich lernte er dazu.

Als sie den Unterricht gerade beenden wollten, kam plötz-lich ein Rehkitz ins Blickfeld. Niedlich war es und verspielt hopste es umher. Mit den Augen des Jägers und dem Herzen eines Edlen beobachtete Adlerklaue das Kitz, Freude durch-strömte ihn. Stark fühlte er die Einheit des Waldes. Kummer und Sorgen existierten nicht in diesem Augenblick.

Angelika fühlte die Erhabenheit ihres Freundes, des edlen Wilden. Sie bemerkte seinen entspannten Blick und seine inten-siven, schwarzen Augen. Sie legte ihre Hand auf seine Schulter. Das Rehkitz verschwand aus dem Blickfeld.

Freude strömte aus den Herzen der jungen Leute. Spontan legte Adlerklaue seine Arme um den anmutigen, weiblichen Körper des Mädchens. Und beide verblieben noch eine Weile in Verzückung unter dem Urwaldriesen sitzen.

Wieder im Dorf fragte David neugierig, was sie so lange gemacht hätten.

Angelika antwortete: »Ich habe begonnen, Adlerklaue im Schreiben zu unterrichten. Dann brachte er mir bei, wie man dem Dschungel näher kommt, wie man seine Sinne gebraucht und leidenschaftlich mit dem Wald verschmilzt.«

David schmunzelte und erwiderte: »Dann habt ihr sicher einiges gelernt da draußen. Ihr habt voneinander gelernt und habt eure Fähigkeiten eingesetzt, um gute Lehrmeister zu sein. Es sieht so aus, als ob es euch Vergnügen bereitet hätte. So soll es auch sein. Auch ich könnte etwas mehr Leidenschaft gebrauchen. Bücher haben eine zu große Rolle in meinem Leben gespielt.«

Ein kleiner Junge kam daher, mit seiner noch kleineren Schwester an einer Hand. In der anderen Hand hielt er stolz einen Fisch in die Höhe, der noch am Haken hing. Er verkaufte ihn an David.

Und dieser erklärte Adlerklaue die Bedeutung von Geld: »Wir Weißen gebrauchen seit langer Zeit diese Münzen und Scheine, welche wir Geld nennen. Dies erspart uns, ständig Tauschobjekte bei uns zu haben. Doch hat dies auch viel Gier und Neid unter den Menschen erzeugt. Jeder möchte mehr davon besitzen als sein Nachbar. Menschen stehlen oder morden dafür. Nur wenige sind so extrem, doch die meisten Menschen sind eingenommen von der Macht des Geldes. Denn Macht verleiht es, doch dafür zahlt man mit seiner Freiheit, man wird zum Sklaven der Macht, des Geldes. Und dann gibt es natürlich die vielen Menschen, die ihr ganzes Leben lang hart arbeiten müssen, um das Nötigste zu besitzen.«

Adlerklaue erwiderte: »Dies alles ist neu für mich, doch verstehe ich, was du sagst. Auch wir Waldmenschen sind nicht alle friedlich. Es gibt immer wieder Stammesfehden. Es kann vorkommen, dass ein böser Schamane einen Menschen eines anderen Dorfes mit schwarzer Magie beseitigt und sich dafür mit begehrten Dingen bezahlen lässt. Hin und wieder hört man Anschuldigungen dieser Art und ein Rachefeldzug kann die Folge sein, auch wenn es keine Beweise gibt. Auch gibt es Dörfer mit zu wenigen Frauen, dann kommt es zu Frauenraub. Auch ohne dieses Geld gibt es Gräueltaten. Wir sind nicht unschuldig. Doch komme ich aus einem Dorf, in dem man einsichtiger ist. Magie und die Suche nach Weisheit haben bei uns einen hohen Rang. Wir wissen Bescheid über die Waldgeister und fürchten sie nicht. Fühlen wir die Anwesenheit eines Dämonen, dann holen wir Rat und Hilfe beim Schamanen. Der Ältestenrat bestimmt, wer das Amt des Schamanen übernimmt. Diese Person muss sich einer langen und harten Vorbereitung unterziehen. Einen Mond lang muss der Auserwählte allein im Dschungel überleben und darf nichts bei sich haben. Danach muss er zehn Tage lang in einer dunklen Hütte fasten und meditieren. Erst danach wird er in die Praktiken der Magie und der Heilkunde eingeweiht.«

»Ja«, meinte Angelika. »Es ist die Spiritualität, welche zu kurz kommt in unserer Welt. Man gibt sich keine Mühe, um die Dinge wirklich zu verstehen. Man lebt entweder total im materiellen Bereich oder wiederholt das Althergebrachte, um etwas Sicherheit darin zu finden. Zu starr sind unsere Religionen geworden. Vereinzelt nur gelingt es Menschen, einen Schritt weiter zu gehen.«

So vergingen die Tage und Wochen. David sammelte Material für seine Studien. Viele Geschichten wurden ihm auf Spanisch mitgeteilt.

Eines Abends, als er mit seiner Tochter alleine war, sagte er: »Hör dir diese Geschichte an, sie passt zum Thema: ›Vor langer Zeit gab es Krieg zwischen den Guten Menschen und den Schlechten Menschen. Die Schlechten wollten die Frauen der Guten. Und die Guten wollten die Schlechten loswerden. Lange dauerte der Kampf, es gab Verluste auf beiden Seiten. Eines Tages ließ die Waldgöttin es regnen für viele Tage und Nächte. In Strömen goss es, der Krieg konnte nicht weitergeführt werden. Die Schlechten zogen von dannen, aber nicht ohne eine Anzahl von Frauen mitzunehmen. Zum Ausgleich raubten die Guten eine Anzahl von Frauen ihrer Feinde. Seitdem leben die Menschen in ähnlicher Art und Weise. Beide Stämme hatten Krieg geführt und Frauen geraubt. Beide haben getötet und sich mit den Frauen der Feinde fortgepflanzt. Die Waldgöttin wusste, dass die Menschen nicht nur spirituell oder nur triebhaft sein können, sondern beides zusammen benötigen würden, um die Erfahrungen zu sammeln, für welche sie in diese Welt geboren wurden.‹«

»Mir gefällt diese Mythologie«, meinte Angelika. »Sie weist hin auf Dualität, nämlich darauf, dass man Gut und Böse nicht trennen kann, sondern durch gegensätzliche Erfahrungen gehen muss. Gegensätze sind die zwei Seiten derselben Münze. Verschmelzen beide Seiten, werden Gut und Böse transzendiert in selbstlose Liebe. Adlerklaue versteht das Wesen der Dinge besser als wir. Oft sehe ich ihn versunken in meditativer Betrachtung. Auch sein Verstand ist schärfer als bei den Indianern, die ich bisher kennen gelernt habe, diese waren oft etwas kindlich. Doch er scheint Teil der Natur zu sein, oder sollte ich sagen: Teil der Naturgeister?«

»Ich glaube, du hast Recht«, sagte der Vater. »Die Biologie mit ihrer mechanischen Lehre des Entstehens des Lebens braucht zwar keine Naturgeister. Doch haben Mystiker stets darauf hingewiesen, dass es feinstoffliche Wesen gibt, welche auf unterschiedlichen Entwicklungsstufen stehen. In den Märchen werden stets Kobolde, Feen, Faune und ähnliches erwähnt. Diese Wesen sollen wirklich existieren und von den Devas, den Naturengeln, liebevoll regiert werden, welche selbst einer Hierarchie von Engeln angehören, an deren Spitze Gott als reine Intelligenz, reine Liebe existieren soll. Leider verstehe ich dies bloß als Theorie. Doch bist du intuitiver als ich und kannst deshalb mehr wahrnehmen.«

»Morgen werde ich mit Adlerklaue eine Wanderung machen. Erstaunlich schnell begreift er das Schreiben und das Lesen, obwohl beides total unbekannt für ihn war. Ich glaube, er möchte mich morgen seiner Welt etwas näher bringen, er versteht es, mit dem Herzen zu lauschen, und weiß, dass die Natur mehr ist als Materie und ein mechanischer Energiekreislauf. Ich freue mich darauf.«

Früh am nächsten Morgen erwachte Angelika. Sie ging kurz vor Sonnenaufgang zum Waldrand, um Adlerklaue zu wecken. Er fühlte sich dort wohler als in den dunklen kleinen Hütten dieses Stammes. Doch fand sie seine Hängematte leer vor.

Traurig dachte sie, er wäre vielleicht alleine losgezogen. Als sie sich umdrehte, um zurückzugehen, stand er plötzlich mit einem Lächeln auf seinen Lippen vor ihr. Er war bereits beim Tümpel gewesen, um sich zu erfrischen und um mit den Geistern zu kommunizieren.

Als die beiden im Wald unterwegs waren, begann Adlerklaue zu sprechen: »Hier ist meine Welt. Ja, die Seelen des Waldes sprechen zu mir. Heute morgen am Tümpel sprachen sie von den Weißen, die den Wald niederbrennen, um Land zu gewinnen. Die Baumgeister sind traurig, sie verlieren ein Zuhause und müssen sich einen neuen Baum suchen. Wir vom Stamm der Einsichtigen sehen die Natur als wichtigen Teil in unserem Leben. Wieso brennt ihr den Wald nieder, Angelika?«

»Es gibt hier viele Arme, die ohne Land sind. Sie wissen nicht, wie man mit dem Wald lebt. Sie brauchen Platz für ihre Felder und Rinder. Vater sagte mir, wir würden bald nach Mitu gehen. Dies ist eine kleine Stadt am Rio Vaupes. Du wirst dort vieles sehen, was dich vielleicht erschrecken könnte.

Aber sei gewiss, es droht dir dort keine Gefahr. Nicht böse

Geister treiben unsere Maschinen an. Energie treibt Räder an. Es ist wie der Pfeil, den du mit dem Bogen abschießt. Der Bogen erzeugt Energie, Kraft, der Pfeil könnte Räder in Bewegung bringen. Sieh es einfach so.«

Angelika sah die Schwierigkeiten, jemandem die Technik zu erklären, der vor kurzem nicht einmal das Rad kannte und zudem noch wenig Spanisch sprach.

Adlerklaue erwiderte: »Wir wissen, dass Energie allem zugrunde liegt. Der Wind, die Sonne, das Wasser, alles ist Energie. Doch wissen wir auch, dass wir die Kräfte der Natur gnädig stimmen können. Ich weiß, dass man die Natur nicht mit euren Maschinen vergleichen kann. Sie hat ein Herz, man spürt ihre Liebe. Berühre diesen Baum hier, schließe deine Augen und sag mir, was du fühlst.«

Angelika erwiderte: »Ich fühle, wie Blockaden sich lösen, die mein Herz gefangen halten. Ich fühle, wie sanfte, liebevolle Energie mich einhüllt und meinen Schmerz berührt. Danke für dieses Erlebnis.«

Es ist wunderbar, dachte Angelika, die liebevolle Seite der Natur zu erfahren. Wie sehr man doch bei uns in Europa an ihre materielle Seite denkt. Die Wissenschaft hat bestimmt ihre Bedeutung. Doch die spirituelle Seite der Natur wird sie nie verstehen. Auch unser Christentum hat die Kirche mit ihrem autoritären Gott so hervorgehoben, dass man kaum Einsichten in die spirituelle Natur der Dinge machen wird. Man kämpft mit Schuldgefühlen und Angst vor Bestrafung und sieht nicht, dass gerade die Religionen diese verstärken.

Dann wandte sich Angelika an Adlerklaue, welcher einfühlsam bei ihr unter dem Baum stand: »Was macht ihr, wenn Angst euer Herz einengt? Gewiss kommt dies auch bei deinem Stamm vor.«

»Wir sind nicht ängstlich. Doch weiß ich, was du meinst. Stolz sind wir und tapfer, doch wissen wir von Ängsten, welche das Leben schwer machen. Wir bitten die Seelen des Waldes, uns beizustehen, wir verbringen einige Tage allein im Wald, wenn wir ein größeres Problem haben. Uns wurde gelehrt, niemals gegen Angst und Traurigkeit anzukämpfen, sondern sie zu betrachten, als wären sie keine Gefahr. Ist man darin geübt, wird sich alles Schlechte auflösen und Freude kann ins Herz zurückkehren. Wenn unsere Männer die Aggressionen des Kriegers in sich verspüren, halten sie inne und betrachten ihren Geist. Sie wissen, dass Ärger immer Unheil stiftet, selbst beim Kampf. Durch diese Arbeit an uns selbst kommen wir in näheren Kontakt mit unseren Schutzgeistern, sowie auch mit den Seelen des Waldes und den Verstorbenen. Nicht allein dem Medizinmann wird das Recht auf jenseitige Reiche zugesprochen oder das Recht zu heilen. Doch ist dieser gewöhnlich tiefer in sich selbst eingedrungen und dient somit als geistiger Führer. Auch gibt es Geheimnisse, welche nur von Medizinmann zu Medizinmann weitergegeben werden. Doch dies wird nicht dazu verwendet, um Macht zu gewinnen, sondern dient lediglich der Heilung. Jedes Stammesmitglied ist für sich selbst verantwortlich. Um dämonische Einflüsse abzuwehren, benötigen wir oft die Hilfe des Schamanen.«

Die beiden hatten ihre Wanderung fortgesetzt und kamen zu einem ruhigen Bach mit rotem Wasser. Lehmiger Boden färbt das Wasser rot in Teilen des Amazonasbecken. Lianen bildeten einen Vorhang am Ufer des Baches. Einige Sonnenstrahlen erreichten das Wasser und ließen es leuchten.

Wortlos streifte Angelika ihr Kleid ab und tauchte ins kühle Nass. Ihre weiße Haut, ihr schöner Körper und die Anmut ihrer Bewegungen ließen Adlerklaues Herz beben. Fasziniert betrachtete er sie. Ihre Blicke trafen sich und wieder fühlten beide die Einheit des Waldes und die Liebe in ihren Herzen.

Bald waren beide im Wasser, nebeneinander lagen sie entspannt auf dem Rücken und ließen sich treiben. Ihre Schultern berührten sich, ihre Blicke berührten das Blätterdach des Waldes, Orchideen funkelten in der Sonne, Affen kreischten, die Zeit war vergessen.

Beide saßen wieder am Ufer, der erste Kuss, lang und innig, intensive Umarmung, die Freude des Körpers, das Aufatmen der Seele, das Gefühl grenzenloser Freiheit.

Plötzlich ein Plätschern am Wasser. Das junge Paar erspähte eine große Schlange, eine Boa, die zwar groß, aber nicht giftig war. Sie hatte sich gerade von einem Ast fallen lassen und machte sich eilig davon.

Adlerklaue lächelte. Angelika stockte der Atem. Doch sie erholte sich rasch. Gefahr droht überall, nicht nur im Dschungel, dachte sie und fühlte sich wieder geborgen, zumindest solange Adlerklaue bei ihr war.

In den darauffolgenden Tagen herrschte gute Stimmung im Dorf. Eine Hochzeit wurde vorbereitet. Ein Missionar erschien am Hochzeitstag. Ein würdevoller, gebildeter Mann, der es verstand, den Leuten von der Religion der Weißen zu erzählen. David kannte ihn schon seit einiger Zeit.

Sein missionarischer Eifer schien ihm jedoch total verkehrt. Anstatt den Stammesleuten zu helfen, ihre eigene Kultur zu bewahren und sich trotzdem an eine neue Zeit anpassen zu können, wollte er möglichst viele Bibeln unter die Leute bringen, die Nacktheit verbieten und durch Geschenke neue Mitglieder für seinen Orden gewinnen. Adlerklaues Herkunft interessierte ihn deshalb besonders.

David sprach im Beisein von Adlerklaue und seiner Tochter: »Mein lieber Freund, denke nicht daran, Adlerklaues Stamm zu besuchen. Die Indianer verstehen es besser zu leben als wir. Glaubst du wirklich, du könntest ihnen Gutes tun?«

»Ja, natürlich«, erwiderte der Missionar. »Außer einer Religion der Liebe und der Hoffnung könnte ich die Segnungen der Zivilisation diesen Menschen näher bringen.«

Etwas energisch sprach Angelika: »Welche Religion hat einen Anspruch auf Liebe? Wer weiß eigentlich, was Liebe ist? Und die sogenannten Segnungen der Zivilisation haben viel Unheil angerichtet. Wie viele Wissenschaftler arbeiten für die Armee? Was machen wir mit den täglich wachsenden Müllbergen? Verzeihe, ich bin noch jung und unerfahren, trotzdem möchte ich meine Meinung vertreten dürfen. Ich kenne Adlerklaue und bin sicher, er könnte uns Europäern eine Menge beibringen.«

Darauf erwiderte der Missionar mit bereits lauter gewordener Stimme: »Mädchen, du weißt nicht, was diese Menschen durchmachen müssen. Ihr Glaube an Dämonen zum Beispiel erzeugt viele Ängste. Auch wissen sie nichts von Hygiene und Gesundheit. Du siehst ihre Welt mit den romantischen Augen einer jungen Frau.«

Nun ergriff David das Wort: »In jeder Gesellschaft, die ich bis jetzt kennen lernte, gab es Vor- und Nachteile. Doch den Menschen mit Druck eine neue Heilslehre zu verkünden, führt zu deren Entwurzelung. Sieh nur, was man aus den Aborigines in Australien machte. Sie hatten eine reiche Spiritualität, bevor der weiße Mann sie in eine Gesellschaft integrierte, die ihnen so fremd war, dass sie genauso von einem fremden Planeten stammen könnte. Alkohol wurde der Ersatz ihres alten, naturnahen Lebens.«

»Diesen Leuten mangelte es eben an Disziplin«, erwiderte der Missionar ungeduldig.

»Das glaube ich nicht«, meinte David. »Sieh, wie viele Jahrtausende sie in ihrer Kultur überlebten und wie schnell wir uns an den Rand der Selbstzerstörung brachten. Wenn Wissenschaft und Religion Hand in Hand gegangen wären, wäre es nicht so weit gekommen. Und mit Religion meine ich nicht die von jeglichem Mystizismus befreite, autoritäre Religion, wie sie heutzutage existiert. Lassen wir diese Menschen selbst wählen.

Wollen wir sie zu Schafen Gottes machen, oder zu ausgebeute-ten, unterbezahlten Hilfsarbeitern?«

Nun meldete sich Adlerklaue zu Wort. Mit Davids Hilfe konnte er viel von diesem Gespräch verstehen.

»Ich komme aus einer Welt, die ihr nicht verstehen könnt. Selbst die Leute in diesem Dorf, die heute so ausgelassen und fröhlich sind, haben den Zugang zu ihr verloren. Das, was ihr Hochzeit nennt, gibt es auch bei uns. Wir sind keine Wilden, sondern haben ein tiefes Verständnis von der Natur der Dinge. Wir sind traurig, wenn wir traurig sind, und wir sind fröhlich, wenn wir fröhlich sind. Wir brauche niemanden, der uns sagt, wie wir leben sollen, der Wald gibt uns alles. Die Seelen des Waldes sind keine Einbildung, sondern Botschafter Gottes. Und die Dämonen sind arme Seelen, die ihre Richtung verloren haben. Wir fürchten sie nicht. Die Weisheit der Alten ist viel mächtiger als die Kraft aller Dämonen. Ich bewundere die Dinge, die ihr erzeugt. Die Machete meines Vaters hat mir sehr geholfen. Das Ding, welches ihr Radio nennt, erzeugt schöne Musik. Doch benötigen wir keinen Kasten dazu, da wir gerne singen, musizieren und tanzen. Mit unseren Trommeln und Rasseln bekommen wir Zugang zur Welt der Geister. Viele Botschaften erhalten wir dadurch. Der Wind, der Regen und das Zirpen der Grille ist ebenfalls Musik für uns, wie auch das Lachen der Kinder. Wie wollt ihr unsere Welt verbessern?«

Der Missionar blickte zu Boden. Er wusste keine Worte mehr. Er fühlte seine Abhängigkeit, sein Bestreben, seinen Ehrgeiz. Doch lange schon hat er sich in die gleiche Richtung bewegt und ist nicht mehr bereit, sich wirklich zu ändern. Traurigkeit umgab sein Herz.

Die Hochzeit war nun in vollem Gange. Man tanzte, scherz-te und freute sich. Der Missionar erfüllte seine Aufgabe und traute das junge Paar.

In der folgenden Nacht erschien Adlerklaues Schutzseele in

einem Traum: »Halte dich bereit. Bald wird sich dein Leben grundlegend verändern. Dort, wo du bald sein wirst, wird jedoch die gleiche Sonne scheinen wie hier, und nachts wirst du die gleichen Sterne sehen. Verbinde dich mit mir, holder Wanderer. Deine Aufgabe ist es, die Tiefe des Lebens zu erkunden. Freue dich darauf, ich bin bei dir.«

Im Schatten des Waldes fühlte Adlerklaue sich sicher. Nochmals streifte er umher, diesmal alleine. Er kletterte auf einen Baum, saß entspannt auf einem dicken Ast und fühlte des Baumes Zuneigung.

Plötzlich funkelte es vor ihm. Die strahlende Gestalt von Goldenes Blatt hob sich deutlich vom Grün des Waldes ab. Adlerklaue wusste, es war eine Vision. Er war bereit, sie zu empfangen.

Eine sanfte Stimme sprach zu ihm: »Du erkennst mich, das ist gut. Fühle des Dschungels Herz. Atme tief und freue dich. Rein ist dein Geist. Du bist begnadet und wirst deinen Weg finden. Denn jetzt bist du erst am Anfang. Blick mir in die Augen.«

Adlerklaue blickte tief in die großen, schwarzen Augen seiner seelischen Begleiterin, und plötzlich sah er nicht mehr den Wald, sondern hohe Berge mit weißen Spitzen und Menschen, die in Steinhäusern wohnten und mit dicken Fellen bekleidet waren. Welch seltsame Welt, dachte er. Dieses Dorf hier ist so verschieden von meiner Welt und trotzdem fühle ich die Gedanken der Menschen, als ob sie meine wären und ich spüre deren Sorgen und Ängste wie meine eigenen. Und dieses große Ding auf Rädern, welches viele Menschen trägt, muss eines von diesen Wunderdingen der Weißen sein.

Niemand schien ihn zu sehen. Doch plötzlich stoppte ein kleiner Junge vor ihm, lachte, grüßte und lief weiter. Die Vision verschwand, Goldenes Blatt war auch nicht mehr zu sehen. Der Wald war voller Energie und diese Energie belebte Adlerklaues Herz, und Stolz ließ seine Brust schwellen.

Doch auch etwas Unbehagen spürte er, denn Stolz verdeckt Unsicherheit. Doch war er auch ein Krieger, ein Krieger der Liebe vielleicht?

Noch war er im Kampf mit seinen Gefühlen, noch war er nicht gelassen wie ein Schamane. Doch was hatte ihm Goldenes Blatt einst mitgeteilt? »Vertraue deiner Intuition, lass den weiblichen Anteil deiner Seele die Führung übernehmen.«

Um das Leben zu erleichtern waren viele Dinge gedacht, die der weiße Mann erfand. David meinte, dass er nach Mitu müsste, um von dort mit einem Flugzeug, welches kein Vogel war, nach Bogota, welches kein Dorf war, zu fliegen. Adlerklaue wäre sein Gast. Angelika würde auch mitkommen.

Neugierde, Aufregung und Hoffnung belebten Adlerklaues Herz. Jetzt war es so weit. Morgen würde die Reise nach Mitu am Rio Vaupes beginnen.

Am Abend unterhielt sich David mit Adlerklaue: »Du weißt, was dich erwarten wird. Deine Vision war deutlich. Ich weiß, dass du es nicht bereuen wirst. Viel Neues wirst du lernen. Du verstehst es, zu beobachten. Dein Verstand ist scharf und dein Wille stark.«

Adlerklaue erwiderte: »Lass uns beginnen. Ich fühle das Neue. Und ich fühle nicht nur Gutes. Doch bin ich auch ein Krieger und fürchte die Gefahr nicht. Mein Volk unterstützt mich. Die Alten singen, um die Ahnen gnädig zu stimmen. Sie werden mir beistehen, auch wenn ich noch nicht die Reife eines Schamanen habe.«

Der Morgen erwachte. Die Reisenden begannen den Tag früh. Rucksäcke wurden geschultert, ein kurzer Marsch zum Fluss gemacht, das Motorkanu gestartet und man war unterwegs nach Mitu, welches in einem Tag erreicht werden konnte.

Einige Indianer des Dorfes waren ebenfalls mit im Kanu, um einige Tage lang Süßkartoffeln und Waldtrauben zu verkaufen.

Adlerklaue bestand darauf, Pfeil und Bogen sowie seine

Machete mitzunehmen. Hose und Hemd standen ihm gut, doch fand er sie sehr unbequem, ganz zu schweigen von den Schuhen. David meinte, es wäre notwendig, sich so zu kleiden, wenn man nach Bogota wollte. Es wäre dort kalt und die Menschen würden es nicht verstehen, wenn jemand ohne Kleidung erscheinen würde. Doch seine langen Haare könne er gerne behalten.

Zu Beginn der Reise versperrten einige Baumstämme den noch schmalen Fluss. Muskelkraft war nötig, um Gepäck und Kanu um das Hindernis zu tragen. Einige Tukane waren zu sehen, ein Kaiman auf einer Sandbank, dann wurde der Fluss breiter, andere Kanus kamen flussaufwärts, freundlich wurde gegrüßt und gewunken.

Vor Sonnenuntergang erreichte man den mächtigen Rio Vaupes. Träge strömte er nach Brasilien, seine braunen Wasser werden irgendwann den Amazonas erreichen.

Dann Mitu: Ein kleines Dorf für europäische Verhältnisse, eine Hauptstadt in Kolumbiens wildem Osten. Es gab einen kleinen Flughafen, einige Autos, einige Geschäfte und ein einfaches Hotel, in dem sich die Drei einquartierten.

Äußerlich unterschied sich Adlerklaue nicht von den hier lebenden Indianern, auch die Mestizen aus den Kordillera, den Anden, sahen kaum anders aus. Doch die Art, jedes Detail mit voller Aufmerksamkeit zu betrachten, war ein Geschenk des Dschungels und einer Lebensweise, welche noch mit ihm im Einklang war. Besonders die vielen Dinge und Maschinen waren sehr fremdartig, für jemanden, der aus dem Dschungel kam.

Adlerklaues scharfe Sinne betrachteten. Will man lernen und in einer neuen Welt überleben, ist es wichtig, scharfe Sinne zu haben. Hätte es Tarzan wirklich gegeben, wäre es ihm genauso ergangen.

Der erste Tag in Mitu. David besuchte Bekannte. Angelika

und Adlerklaue wollten lieber im Hotel bleiben. Sie saßen auf der Veranda, ruhten sich aus und begannen ein Gespräch.

»Adlerklaue, sag mir, wie du zu deinem Namen kommst.«

»Ich wurde geboren an dem Tag, als ein Adler in unser Stammeshaus eindrang und sich auf die Hängematte meines Vaters setzte. Es wurde viel gelacht und man taufte mich Adlerklaue. Klaue bedeutet Mut, der Adler symbolisiert Weisheit, klares Verstehen. Auch mein Schutztier ist ein Adler, so wurde mir vom Dorfschamanen mitgeteilt. Ich kann jederzeit mit meinem Schutztier in Kontakt treten.«

»Ich habe von Krafttieren gelesen, alle Indianer wissen davon. Habe ich auch ein Krafttier und könntest du mir helfen, dieses zu finden?«

»Ja, natürlich, jeder hat eines. Lass uns versuchen, es jetzt zu finden. Sei ganz ruhig, ganz ruhig. Fühle den Wind auf deiner Haut, betrachte das Wiegen der Baumwipfel, verliere dich im Augenblick und frage nach deinem Krafttier.«

Angelika war berührt von Adlerklaues sanfter Stimme, ihr Körper war entspannt, schwer ruhte er im Stuhl. Sie schloss ihre Augen. Eingehüllt fühlte sie sich von sanften Energien aus der spirituellen Welt. Ihr Herz bebte und plötzlich erschien ein weißes Pferd vor ihrem geistigen Auge und drang ein in ihr Herz.

»Wenn du die Verbindung mit deinem Krafttier spürst, dann frage, was es für dich tun kann«, empfahl Adlerklaue.

Angelika fragte, horchte und empfing eine telepathische Antwort: »Ich bin bei dir, du hast mich gerufen. Wir Krafttiere sind gut zu den Menschen, denen wir zugeteilt werden. Wir helfen ihnen, ihren Platz im Leben zu finden. Vertraue, sei offen, nimm wahr. Ich kann dir nur helfen, wenn du mir vertraust. Wenn dein Herz sich beruhigt, wenn Fehlschläge deiner Kindheit verbrannt wurden im Feuer der Wahrnehmung, dann bist du bereit, deinen Weg zu verstehen, deine Ziele zu verwirklichen. Ich weiß, dass du viel gelitten hast, viele Wunden zeigen sich mir, ich führe dich nun in die Tiefe deiner Seele. Lass alle Bedenken los, fühle die Präsenz von Energie, halte an nichts fest, sei offen. Ich nehme dich nun mit auf die Reise. Sieh, wohin ich dich bringe.«

Angelika war nun sehr verinnerlicht, sehr entspannt und frei von Sorgen. Bilder strömten ihr ins Bewusstsein. Glückliche Bilder aus ihrer Kindheit zuerst, dann stockte alles, alles verschwand in einem grauen Nebel. Langsam entstand ein neues Bild. Der Streit ihrer Eltern wurde sichtbar, ihr Gefühl der Ohnmacht kam ins Bewusstsein, ihre Unsicherheit, ihre Angst. Sie muss etwa zehn gewesen sein, es war kurz vor der endgültigen Trennung ihrer Eltern.

Angelika spürte den Einfluss ihres Krafttieres. »Lass deine Augen zu, verurteile nicht, erlebe alles noch einmal.«

Angelika verschmolz mit dem Erlebnis, die Angst war verschwunden, alles war, wie es war, wie es sein sollte. In der Tiefe ihres Herzens lösten sich Spannungen, ein starkes Gefühl des Einsseins entstand, Tränen rollten über ihre Wangen, stark war das Erlebnis, Freude ersetzte Angst, wieder einmal ließ ihre Vergangenheit sie los, wieder wurde ihr innerer Raum vergrößert. Viel Verdrängtes war noch in ihrem Unterbewusstsein, aber im Moment fühlte Angelika die Freiheit des Waldes.

Glücklich blickte sie in Adlerklaues Augen, welcher selbst aus einer inneren Reise zurückzukommen schien. Er sprach: »Du bist also auf einer Schamanenreise gewesen. Ich war eins mit deinen Gefühlen und weiß deshalb, was du gefühlt hast. Nimm die Hilfe deines Krafttieres in Anspruch, wenn du es für nötig hältst, und bedanke dich bei ihm für seine Hilfe. Diese Geistwesen tun sehr viel für uns. Doch bedenke, dass du selbst deine Probleme betrachten musst mit der Intensität des Kriegers, doch mit der Gelassenheit eines Alten, dann erst kannst du wirklich Hilfe entgegennehmen.«

Angelika entgegnete: »Ich weiß, was du meinst. Ich weiß, dass ich verstehen muss, dass ich betrachten muss, um hindurch zu gehen durch die schmerzhaften Bereiche meiner Seele und um meine spirituellen Helfer zu erreichen. Danke für deine Hilfe. Viel konnte ich bereits von dir lernen.«

Beide spazierten hinunter zum Fluss, die Sonne verschwand hinter den Bäumen. Beide blieben bis zum Sonnenuntergang sitzen, rot färbte sich der Himmel. Beide betrachteten, nahmen die sanfte Energie des Abends in sich auf und waren glücklich.

Auszug aus dem noch unveröffentlichten Manuskript
»Adlerklaue«.

Carsten Kruse

Der Käfer

*J*a, wir Grünen halten zusammen. Und das Leben ist schön. Wenn ich meine liebe Frau betrachte, wie sie so dasitzt und am dreizehnten Rollmützchen in Apfelgrün strickt. Das strahlt Ruhe und innere Zufriedenheit aus.

Was will man mehr?

Ein schönes Zuhause, liebe Kinder, den Kopf immer warm und das Geld fließt automatisch auf das Konto.

Seitdem meine Frau auch noch im Landtag sitzt, können wir uns so ziemlich alles leisten.

Die 35-Stunden-Woche haben wir auch schon lange!

Allerdings gehen mir so langsam diese Pflicht-Demos auf den Zeiger.

Aber wir waren ja auch mal jung, und unsere Jung-Grünen haben ständig 'ne Demo im Kopf: Kastor und so …

Das ist schon ganz schön stressig. Ich bin froh, wenn ich dann mit meinen Kleinen heile wieder zu Hause bin.

Es ist schön zu wissen, dass wir das Leben der Knoblauch-Kröte gerettet haben. Man stelle sich bloß mal vor, wir hätten den Kröten-Tunnel nicht durchgekriegt. Die armen Geschöpfe hätten sich ja völlig verirrt auf ihrem nächtlichen Balz-Turn. Oder sie würden womöglich von den Rasern platt gewalzt. Nein, bitte keine Platt-Unken in unserer Heimat.

Nein – nicht mit uns!

Und dann noch die wahnwitzige Idee des Polizeirevier-Baus in Masenberg.

Ja, sind die denn alle vom Affen gebissen? Dort in der Nähe, wo das Revier gebaut werden sollte, war doch die äußerst seltene Fledermaus, der nacktbäuchige Grabflatterer (taphozous nudiventris) gesichtet worden. Und dieser reizende Nachtjäger hätte jetzt sein gewohntes Gebiet verlassen müssen.

Ich glaube beinahe, die Altparteien haben kein Herz für Tiere!

Was ist denn nun wichtiger? Ein Polizeirevier oder eine Fledermaus?

Diese Frage stellt sich für uns doch gar nicht!

Neulich musste ich wieder zu einer Sitzung nach Berlin. Dort wohnen wir dann in Groß-Pankow, und da ist der Weg nur per Kerosinfresser Bremen – Berlin möglich.

Gott sei Dank war alles an einem Tag zu erledigen.

Also fahre ich erst mal mit dem Fahrrad zu meiner Garage. Immerhin 12 km. Dann den Achtzylinder rausgeholt und zum Flugplatz gerauscht.

Nun, von der langweiligen Sitzung will ich hier gar nicht sprechen, vielmehr ist die Rückreise hier mein Thema.

Ich lande also wieder in Bremen, steige in mein Auto und brause los. Mir ist schon klar, dass Mausi wieder eine leckere Körnerspeise zubereitet hat, und dafür kann man schon mal auf's Pedal treten.

Mit 220 Stundenkilometern presche ich über die Autobahn – Benzin wird von der Regierung bezahlt, und die Abgasuntersuchung habe ich gerade hinter mir – da geschieht es:

Klatsch … ein dicker, weiß-grünlich-brauner Fleck auf meiner Windschutzscheibe versperrt mir die Sicht.

Tief durchzuckt es mich! Bin ich gerade an dem Autobahnabschnitt, wo Lothar neulich den seltenen Käfer gesichtet hat?

Ausgerechnet *mir* muss das passieren! Ich – ein Käfer-Killer? Ich bin völlig fertig!

Längst bin ich mit der Geschwindigkeit runter und schaue schräg neben dem Fleck auf die Fahrbahn.

Der Rausch der Geschwindigkeit ist vorbei und an mein Essen und Mausi ist nicht mehr zu denken! Mir ist der Appetit vergangen!

Was soll ich bloß machen?

Ob Peter mir wohl zu dieser späten Stunde noch helfen könnte? Er ist gelernter Automechaniker und könnte sicherlich ein paar Mark nebenher gebrauchen.

Und wer hat eine so große Gefriertruhe? Der Chef von »Frostonia« ist sicher bereit, mir ein Plätzchen im Kühlhaus freizumachen.

Auf dem nächsten Parkplatz halte ich erst mal an, um mir die Käferleiche anzusehen. – Grauenhaft! Es musste ja so kommen. Dieser Autobahnabschnitt hätte schon längst untertunnelt werden müssen!

Eilig suche ich die Telefonnummer von Peter heraus und rufe ihn per Handy an. Prima – er ist zu Hause und hat auch etwas Zeit. Etwas Zeit ist gut, denn ich schätze, er wird so seine drei Stunden brauchen, um die Frontscheibe auszubauen.

Leider ist mir der Name des »Frostonia«-Chefs entfallen. Den muss ich erst noch ausfindig machen.

Als nächstes melde ich mich bei Mausi und berichte von meinem schlimmen Unglück. Sie ist voller Anteilnahme und bedauert dieses Pech zutiefst. Ihr gelingt es immer wieder, mich aufzubauen.

Sie spricht mir Mut zu. Dann sagt sie noch, sie habe da ein Fax aus dem Harz bekommen. Ob sie es vorlesen soll?

Na klar, es wird doch nichts Schlimmes sein? Nein – nein, das wird Dich aufmöbeln.

Mausi liest mir das Fax vor:

»Lieber Jockel, die Zucht der Feldhamster ist bestens gelungen. Wir haben jetzt ca. 150 Exemplare und könnten diese robusten Nager – wie verabredet – in Göttingen aussetzen. Bitte gib mir Nachricht, ob Du dabei sein willst.

P. S.: Die Tierchen sind so problemlos und putzmunter, dass ich schon einige in meiner Umgebung ausgesetzt habe und abendlich auf der Terrasse mit meinen Körnern füttern kann.«

Mit matten 50 km/h schleiche ich mich zu Peters Anwesen. Er erwartet mich bereits und fährt mein Prunkstück mit Käferfleck in seine kleine Werkstatt. Es ist ein gutes Gefühl, Freunde zu haben, die in der Not einspringen. Die Scheibe auszubauen ist Sache eines Fachmannes, und seiner Meinung nach habe ich sowieso zwei linke Hände und könne nicht helfen.

Nun gut!

Mausi hat inzwischen die Telefonnummer vom »Frostonia«-Chef herausgefunden. Diesmal melde ich mich mit vollem Namen und lasse einfließen, dass ich MdL bin. Das hilft meistens. Kein Problem!

Ich sage ihm vorerst nicht, dass ich für kurze Zeit eine Autofrontscheibe in seinem Gefrierlager einfrieren lassen möchte.

Auch wenn er kein eingeschriebenes Parteimitglied ist, weiß ich doch genau, dass das Einfrieren einer BMW-Frontscheibe sicherlich auf etwas Unverständnis stößt.

Ein späterer Zeitungsartikel bei der MBZ wird ihn schon aufklären.

Er sagt, ich könne in seinem Kühlhaus alles einfrieren lassen. Er ruft nur den Pförtner an und der weist mir einen Platz zu.

Das wäre also auch abgeklärt.

Nach sechs Stunden – mitten in der Nacht – ruft mich Peter an. Er hat die Scheibe unverletzt raus bekommen. Wunderbar!

Mit dem 2 CV von Mausi hole ich sie ab. Wie ein rohes Ei verstauen Peter und ich die Scheibe mit der kostbaren Käferleiche in dem viel zu kleinen Auto.

Überhaupt sollte sich Mausi endlich für einen Golf III entscheiden. Leisten können wir uns den eigentlich schon lange, nur Mausi kann sich von ihrem französischen Schaukelstuhl einfach nicht trennen.

Überhaupt gelte ich bei meinen Freunden und Bekannten als etwas spinnert.

Die stellen keine Fragen mehr, warum ich was mache. Ich berufe mich einfach auf die Verschwiegenheit der Bundestagsabgeordneten und dann sind sie zufrieden. Schließlich haben sie jetzt sowieso schon einen Wissensvorsprung, der ihre Phantasie beflügelt.

Meine Telefonrechnung schnellt nach diesem Käferunfall in die Höhe. Es häufen sich die Auslandsgespräche. Große Hilfe bekomme ich von meinem ägyptischen Freund El Danari, der mir den wissenschaftlichen Direktor des dortigen Insektenmuseums, Herrn Prof. Machalo, als Koryphäe nennen kann.

Es läuft alles nach Plan. Ein Spezial-Kühltransport-Unternehmen bringt die tiefgekühlten Käferfragmente mitsamt der Scheibe zunächst einmal nach Ägypten. Prof. Machalo entnimmt dort einen genetischen Flügelabdruck und schickt dann die Fleckscheibe zu einer zweiten Kontrolle seinem Kollegen von der Uni Minnesota.

Klar, die Kosten übernehme ich – zunächst – jedoch wird sich das mit einer Parteispende verrechnen lassen. Da setze ich mich mal mit unserem Finanzjongleur zu einem kleinen Arbeitsessen zusammen.

Oder ich rufe Angelika an, ob wir nicht ein neues Referat für hilflose Käfer einrichten können. An Geld ist leicht heran zu kommen.

Die Lieferzeit für eine neue Frontscheibe von BMW beträgt ungefähr drei Wochen. Klar, ich hatte ja auch die Spezialtönung gewählt, bei der automatisch die Scheibe dunkler wird, wenn die Sonne darauf scheint. Man gönnt sich ja sonst nichts! Auch der BMW-Leihwagen hat seinen Preis.

Endlich!! Endlich meldet sich per E-Mail Prof. Machalo. Es stimmt!

Ich hatte auf der A 28 ein Muttertier der seltenen Art des »Topiranio marcato denensinis« erwischt. Einige Eier, die das Tierchen unter den Flügeln beherbergte, waren meiner hohen Geschwindigkeit zum Opfer gefallen und total zermalmt.

Aber, es scheint so, dass einige Nachfahren wie durch ein Wunder erhalten geblieben sind. Diese will der Professor nun in einem Reagenzglas mit dem »Skarabäus normalis« klonen. Wenn alles klappt, können wir »guter Hoffnung« sein.

Ich bin erleichtert! Ich bin kein »Käfer-Killer«.
Champagner ! Hoch die Gläser klingen!

Erst nachdem ich diese frohe Botschaft erfahren habe, geht es mir wieder besser.

Als ich dieses Thema, wohlfundiert und von meinen ägyptischen und amerikanischen Freunden wissenschaftlich hinterlegt in einer 1¾ Stunde im Bundestag vorbringe, ist unverständlicherweise der Saal fast leer. Dies ist um so enttäuschender, weil ich erst nach meinem spannenden Vortrag den Antrag auf Untertunnelung des Autobahnabschnitts zwischen Km-Stein 52,6 bis 56,7 gestellt hatte.

Diejenigen, die bis zum Schluss der Sitzung ausgeharrt hatten – beschämenderweise waren es nicht mal meine Grünen-Kollegen – waren gerade dabei, einen harten Gegenstand aus ihrer Tasche zu kramen.

An mehr kann ich mich nicht erinnern. Ich erwachte mit einer schweren Kopfverletzung im Krankenhaus.

Ausgerechnet diese interessante Sitzung wurde per Video *nicht* aufgezeichnet.

Übrigens hat mich Holger vom Seewasser-Aquarium in Dänemark angerufen und mir mitgeteilt, dass die ca. 3000 Flusswelse in zwei Monaten ausgesetzt werden können. Ich könne Heiko

auch schon mal anrufen, weil der Nachttransport zum Ems-
Sperrwerk bereits organisiert ist.

Damit dürfte die Vertiefung des Flusses erst einmal gestoppt
sein. Gott sei Dank!

Ehrlich gesagt: Die Werft tut mir jetzt schon Leid!

Das Wetter

Kurt am Telefon: »Ja, wir haben schön gegolft, allerdings war der Himmel sehr bedeckt.«
Stimme der reizenden Gattin aus dem Hintergrund:
»Es war Sonnenschein!«
Kurt: »Das verwechselst du. Du weißt doch noch, wie uns bei Loch 11 die Sonne entgegen strahlte und man schlecht sehen konnte.«
»Das war nicht bei 11, sondern bei 14.«
Kurt: »Dann gibst du also zu, dass die Sonne mal schien?«
»Sicherlich, aber nur kurzfristig.«
Kurt: »Paul, bist du noch dran?«
»Ja, ich habe alles mitbekommen. Einen Moment mal, Ulla ruft mich gerade.«
Pause.
»Nun bin ich wieder dran. Also wie war denn so das Wetter?«
»Ganz gut, aber doch zum Teil sehr windig.«
Gattin: »Stimmt doch gar nicht. Das bisschen Wind. Du wirst dich wohl noch an den Windanzeiger erinnern. Und wo stand der Zeiger? Bei 0 bis 3. Das ist doch kein Wind.«
»Aber die Fischer sind deshalb nicht rausgefahren. Wir reden doch jetzt vom Golfspiel und nicht von Fischern.«
»Okay.«
»Also sonst lief alles ganz gut.«
Pause.
»Wie habt ihr denn gespielt?«
»Nicht so gut. Lass uns lieber vom Essen reden. Also im La Trada gab es eine Gänsestopfleber, einmalig gut.«
Gattin: »Stimmt nicht, das war im Can Puto.«
»Also, du hast doch gar keine Leber gegessen! Du hattest Austern. Die gibt's nur im La Trada.«
»Was hast du denn im La Trada gegessen?«
»Seezunge.«

»Also, jetzt verwechselst du aber alles.«

Kurt: »Paul, ich hoffe, du bekommst alles mit. Wichtig ist ja auch nur, dass es super geschmeckt hat.«

»Von super kann man ja wohl nicht reden. Überleg mal, dies zähe Viech, das du auf dem Teller hattest. Gut, lassen wir das.«

Kurt: »Was macht Ulla?«

Paul: »Ja, die ist heute nicht so gut drauf. Hier regnet es ja ununterbrochen.«

Ulla: »Also Paul, nun übertreib mal nicht! Wir sind doch regenfrei mit Flöcksche spazieren gegangen.«

Paul: »Stimmt nicht. Ein paar Mal musste ich den Schirm öffnen. Außerdem ist es für die Jahreszeit viel zu kalt.«

Ulla: »Ja, mit Shorts kannste jetzt nicht mehr laufen.«

»Davon redet doch keiner. Ich finde es zur Zeit scheußlich! Habt ihr wenigstens Sonne?«

Kurt: »Es ist gut zu ertragen. Tagsüber 27° C.«

Gattin: »Also heute sind es gerade mal 23° C.«

»Gut. Heute. Aber im Schnitt waren es 25° C.«

Gattin: »Du übertreibst immer. Denk mal an die Regentage, die wir hier hatten. Du hast doch noch den Regenbogen bewundert. Regenbogen kommt vom Regen.«

»Ja schön, aber ohne Sonne auch kein Regenbogen.«

»Ist das jetzt Physik oder Chemie?«

Kurt: »Kannst du dir aussuchen. Aber in jedem Fall ist es Wetter. Ich denke, Paul, wir sollten an dieser Stelle mal Schluss machen. Also beste Grüße an Ulla und bis zum nächsten Mal. Tschüss!«

Gattin: »Und worüber habt ihr euch jetzt unterhalten?«

»Das hast du doch gehört. Über das Golfen!«

»Ich meine, ihr habt über das Wetter gesprochen.«

»Das auch. Schließlich bist du damit angefangen.«

»Ich? Ich glaub', ich spinne.«

»Hast du schon mal etwas von Wetterfühligkeit gehört?«

»Was soll das denn jetzt?«

»Ich meine nur so! …«

Nachsatz

Angeblich hat man mal errechnet, dass der Mensch ab seiner Plapperfähigkeit bis zum Abwinken rund 5 Wochen *ununterbrochen!* über das Wetter redet.

Das sind 5 x 7 x 24 x 60 = 50.400 Minuten.

Die Wetternachrichten dauern rund 1 Minute. Aber das reicht natürlich nicht für den Wissensdurst um das Wetter. Inzwischen gibt es eigene Wetter-Sender. Das muss man sich so vorstellen: Man wählt zum Beispiel im TV-Sender 32 und dort läuft das Wetter, das Wetter, das Wetter …

Aber wenn ein Land ein paar Inseln hat, kann ein Wetterbericht nie genau sein. Wenn man schon hört: auf den Balearen herrschen 30°C und in Madrid 36° C. Wer soll das schon glauben?

Etwas genauer bitte: Mallorca ist nicht Formentera und schon gar nicht Ibiza, denn da herrscht ein eigenes Klima. Viel mehr Sonne, weniger Sturm.

Also, dann auch einen Wetter-Sender für kleinere Landstriche.

Was nutzt es, wenn ich weiß, in Großenkneten sind es 16° C? Wie sieht es zum Beispiel auf Pellworm aus oder Mellum Plate?

Nun, das sagen uns dann die Heimatsender. Nach den Staumeldungen hört man dann stündlich im Radio: Stade bedeckt 17° C, Bremervörde bedeckt 17° C, Cuxhaven bedeckt 17° C, Oldenburg bedeckt 18° C …

Oh la la, ein Grad Unterschied. Sicherlich spielt die Hunte dort eine große Rolle. So etwas sollte einem dann doch wohl bitteschön erklärt werden.

Das ist doch schließlich wichtig zu wissen, wenn ich mich gerade in Bünde auf der Autobahn befinde.

Glücklicherweise sagt mir auch ein Laufband beim Fernsehen zum Beispiel während der Börsenkurse, ob es in Riad 35° C sind oder in Moskau 10° C. Das alles zusammen erfordert allerhöchste Konzentration. Einmal muss ich mich auf den DAX konzentrieren und dann noch auf die Temperaturen. So ein Ärger, nun habe ich doch nicht mitgekriegt, wo Thyssen steht.

Aber das Wetter ist eben wahnsinnig wichtig.

Mein Gott, wo wären wir, wenn die Weltkarte nicht tagtäglich in blaue, gelbe und rote Zonen oder vielleicht auch violett eingeteilt würde, und zwar stündlich andersfarbig? Jede Temperatur hat eine andere Farbe. Dass meine Lieblingsfarbe blau am häufigsten in Russland zu finden ist, stört mich da nicht weiter. Ganz im Gegenteil. Überleg mal, was könnte man da für Heizdecken verkaufen?

Blödsinn, die haben doch gar keinen Strom.

Also gut, was könnte man da für Wodka verkaufen?

Auch Blödsinn, den haben sie sowieso.

Gut! Weiter!

Wie wichtig sind die Internet-Wetter-Kameras, die mir sowohl das Allgäu-Wetter beim Almabtrieb zeigen können, als auch einen schlafenden Bären in Alaska. Das haben wir alles dem Wissensdurst über das Wetter zu verdanken. Man möchte schon mitreden können, ob der Maulwurf in Irland sich in der Sonne räkelt – das ist nämlich äußerst selten. In Irland regnet es immer und alle Iren trinken. Das weiß man schließlich – oder ob das südafrikanische Feldhuhn zur Balz ansetzt.

Alles Wetterangelegenheiten.

Das geschäftige Treiben in Venedig geschieht ja nur bei blauem Himmel.

Wie traurig ist doch die Lagunen-Stadt, wenn der Markusplatz überflutet ist.

Und dann »beschert« einem der Regen noch diese schrecklichen Überflutungen. Da hatte doch die Elbe richtig zugeschlagen. Dramatisch.

Als wir dann mal wieder wenig Regen hatten, wollte es der Rhein wett machen.

Aber Vater Rhein musste übertreiben und es gab den Crash mit der Loreley. Hätte der Käpt'n nur öfter die Wettermeldungen gehört.

Apropos »Wett machen«. Da steckt ja auch eindeutig »Wetter« drin.

Von Kindheit an wird einem etwas vom Wetter erzählt oder sogar vorgesungen.

»Es regnet, Gott segnet, die Erde wird nass. Mach mich nicht nass, mach nur die bösen Kinder nass!«

Wir waren doch alle liebe Kinder, oder?

Also, ohne zu übertreiben. Wetter muss sein. Das hilft auch gegen Pisa. Oder denken unsere Pennäler etwa, dass die TV-Laufband-Wetter-Städte alle in Deutschland liegen? Also, ihr lieben demografischen Faktoren. Atlas her und ein wenig kucken. Wo ist zum Beispiel Rio de Janeiro? Nix Italien!

Da kuckst du! Also über's Wetter zur Geographie und dann zu den Fremdsprachen: »NuJorg« und nicht »Neff Jork« oder »Nu Jörsi«. So weiß doch gleich jeder, woher der Jörsi-Pullover kommt.

Wetter macht also schlau. Ist es da ein Wunder, dass man so viel darüber redet?

Mein Gott, nun höre ich gerade im Radio, dass es in Cloppenburg schneit. Warum ausgerechnet dort? Da ruf ich doch gleich mal Uwe an, ob er empfiehlt, jetzt schon die Winterreifen aufzuziehen.

Und das im Oktober!

Gertraut Lenz

Einladung zur Vernissage

*V*ernissage – welch ein klangvolles Wort – ein wenig geheimnisvoll, aber auch unheimlich spannend.

An einem Sonnabend im August war ich zur Vernissage eines alten Freundes eingeladen. Wir wohnen seit Jahren in der gleichen Straße – grüßen uns sehr freundlich und wechseln hin und wieder ein paar persönliche Worte. Trotzdem erlaube ich mir zu sagen, dass wir uns sehr gut kennen.

Zu meinem achtzehnten Geburtstag bekam ich von meinem Vater ein Bild geschenkt, das dieser Maler für mich gemalt hat. Es hängt noch heute in meinem Wohnzimmer.

Heute, nach beinahe fünfzig Jahren gehe ich auf seine Vernissage!

Es war sehr festlich und feierlich zur Eröffnung, passende Worte wurden gesprochen, denn sehr viele Menschen waren gekommen und alle wollten mit einem guten Tropfen anstoßen. Darunter langjährige Wegbegleiter, alte Freunde, Leiter von Ämtern und Betrieben und Angehörige, aber auch Bewohner unserer Straße, die sicher zum Leben des Malers gehören wie der Aufgang der Sonne. Das nötige Ambiente bildete unsere weit über die Grenzen hinaus bekannte Museumsmühle, deren ehemaligen Besitzer wir alle noch kennen.

Ich hatte mir vorgenommen, lange zu bleiben – aber geblieben bin ich nicht! Ich hatte es mir eben nur vorgenommen –

So will und kann ich über die gemeinsame Kaffeetafel vor der alten Mühle nichts berichten. Denn die Hauptsache einer Vernissage sind doch die Bilder des Malers. Alles eingefangene Augenblicke der letzten zwei Jahre.

Aquarellmalerei neben Acrylmalerei und Öldarstellungen zeigen verschiedene Motive. Vom Frauenakt über Landschaftsbilder, Porträts und Blumensträuße in unterschiedlichsten Formen und Farben.

Deutlich war zu erkennen, wie der Maler den Überraschungsmoment der Aquarellfarben genutzt hat, verschiedene Farben laufen ineinander und zaubern einen sanften faszinierenden Farbeffekt hervor. So wird die ganze Leuchtkraft der Farben genutzt.

Ganz anders die Bilder in der Acryltechnik. Beeindruckende Tiefe und Intensität lassen die Farbigkeit ausdrucksvoll erscheinen. Dies setzt der Maler geschickt in der Porträtmalerei und in den Blumendarstellungen mit den verschiedensten Farbnuancen ein.

Ölmalerei verlangt von jedem Pinsel seinen eigenen Strich und so geben Pinselstriche Leben und Struktur in ein Bild. Auch in dieser Technik konnte man Sehenswertes finden.

Doch mich beschäftigten bei genauer Ansicht ganz andere Gedanken. Warum wählte mein Freund diese einzelnen Motive? Was hat er selbst dabei gedacht und empfunden? Nicht immer war er Mittelpunkt wie heute. Auch schwere Tage und Zeiten füllten seinen Alltag. Manchmal kann man seine eigene Gefühlswelt in den Bildern wiederfinden – ist das vielleicht das Geheimnis der Künstler? Oder sagen nur seine Bilder für mich etwas aus?

Zum Beispiel fällt mir bei einem Landschaftsbild besonders die Gestaltung des Himmels auf. Man glaubt beinahe, den Wind zu spüren, der mit riesiger Kraft die dunklen Wolkenfelder vor sich her jagt. War das eventuell ein trüber Tag für meinen Maler?

Oder das Dünenbild der Ostsee. Es hat enorm viel Helligkeit und Ausstrahlung. Hier begegnet dem Betrachter die ganze Schönheit eines hellen Sonnentages. Ist dies eine Widerspiegelung von Freude und Frohsinn?

Ganz anders war die Gestaltung einer Federzeichnung, die mir besonders auffiel. Sie zeigte ein Motiv aus unserer Gegend und weckte Erinnerungen aus längst vergangener Zeit. Diese Zeichnung hat bestimmt auch noch andere Liebhaber gefunden.

Mein Freund zeigte sich mit seiner Präsentation als brillanter Gastgeber, fand viele erklärende Worte, knüpfte neue Verbindungen und konnte auch ehemalige Freunde begrüßen. Es war für den Maler ein sehr schöner Tag, seine Arbeiten zu zeigen. Ob einer der begeisterten Kaffeetrinker auch ein Bild erworben hat?

Mein Maler und Freund wird weiter in seinem Atelier malen, Motive suchen, das Wesen der Farben nutzen und Techniken ausprobieren. Ohne Malarbeiten können wir uns alle unseren Nachbarn nicht vorstellen.

So möge ihm weiter viel Kraft und Freude verliehen sein, um nach seiner Auffassung noch viele Jahre Farben zu mischen und lebendig werden zu lassen. Ich schaue mich um, ein letzter Gruß von meinem Freund, dem Maler, ein Lächeln, eine vertraute Handbewegung – ich verlasse die Vernissage – seine Vernissage.

Bestimmt war an diesem Tag mein Nachbar, der Maler, mit seinen siebzig Jahren auch einmal »Hans im Glück«.

Das Reisemitbringsel

Wie jedes Jahr plagt mich schon seit Wochen richtiges *»Fernweh«*.

Doch es schlagen zwei Herzen in meiner Brust. Kann ich meine neunundachtzigjährige Mutter für ein paar Tage allein lassen? Und wie bringe ich meinem Mann bei, dass er für eine Woche zum Mittagessen gehen muss? Aber immer wieder beantworte ich mir auch diese Fragen ganz einfach: »Warum eigentlich nicht?« Auch meine Lebensuhr tickt und so ganz ohne Verreisen kann doch dieser herrliche Sommer nicht vergehen!

Immer mehr festigt sich dieser Gedanke und schiebt einfach mein schlechtes Gewissen beiseite.

Schon lange hege ich einen Traum, *Schottland* zu sehen und zu besuchen. Wie sagt meine Tochter immer so schön: »Erfülle dir deine Wünsche *jetzt*! Niemand wird dir etwas auf dem silbernen Tablett servieren.

Also gesagt – getan!

Am 3. Juli gegen 0.30 Uhr fuhr mein Bus und ich ließ alles hinter mir, auch mein schlechtes Gewissen. Voller Spannung und Motivation fieberte ich diesem außergewöhnlichen Land entgegen. Reiseführer waren gelesen und auch noch im Gepäck, so konnte ich mich gemütlich zurücklehnen.

Unser Reiseprogramm in Schottland bot jeden Tag so viel Sehenswertes von Inverness über Dufftown, Loch Ness, Schlösser und Burgen, die Metropole Edinburgh, bis hin zu den berühmten englischen Gartenanlagen – einfach ein Superangebot. Nicht zu vergessen die Whisky-Brennereien, die aus diesem Land Weltruf erreichten, wie zum Beispiel der berühmte Glenfiddich, den wir probieren durften. Alles bei herrlichstem Wetter.

Heute erlaube ich mir zu sagen, Schottland ist ein wunderbares und ideales Reiseland. Es bietet alles für den großen Geldbeutel, aber auch alles für den normalen Touristen. Für jeden Besucher ist dieses Land ein Erlebnis – von der Einsamkeit des schottischen Hochlandes bis zum pulsierenden Leben in den herrlichen Städten mit ihren historischen Kostbarkeiten.

Man höre und staune, Schottland lässt auch noch Entdeckungen offen, die viel schöner und wichtiger sein können, als die schönste Postkarte es je aussagen könnte.

Mir war es leider nur vergönnt, einen kleinen Teil dieses wunderschönen Landes kennen zu lernen, doch ich bin so zurückgekehrt, als hätte ich das ganze Land durchwandert und mich auf den Spuren von Fontane bewegt.

So schrieb H. Olff einmal: »Schottland hat zwei Gesichter. Das Erste ist realistisch auf praktische Taten eingestellt, auf Jagd, Fischfang, Technik, Geschäfte, Golf. Das zweite Gesicht blickt in die entgegengesetzte Richtung, in abergläubisches Dunkel, dem die Mythen der Welt entstammen, ob wir an sie glauben oder nicht.«

Diese Worte forderten mich heraus – ich wollte beide Gesichter entdecken. Ob es mir gelungen ist? Das bleibt offen!

Viel zu schnell vergingen die Tage, vollgestopft mit Eindrücken und Erlebnissen.

Am letzten Tag meiner Reise stand eine Küstenfahrt auf dem Programm. Es waren herrliche Anblicke, alte Herrenhäuser, erbaut aus dem bekannten schottischen Granit, die vertraut auf das Meer schauten, oder bizarre scharfkantige Felsen, die sich vom Wasser umspülen ließen. Ich war hellauf begeistert und konnte mich nicht satt sehen.

Wir fuhren von Aberdeen direkt an der Küste entlang. In Dundee machten wir Halt, hörten etwas über historische Ereignisse der Stadt, über Sehenswürdigkeiten und die hier lebenden Menschen.

Dann gingen wir auseinander. Ein Teil der Gruppe durchstöberte die Stadt, ein Teil sammelte Steine, ohne lange hinzusehen, und wieder andere machten einen Spaziergang am Ufer entlang im angeregten Gespräch.

Ich zog mich zurück, breitete meinen Mantel aus, schaute

auf den wolkenbestückten Himmel, hörte auf das Meer, das langsam die Wellen anschlagen ließ, und bestaunte die vielen Steine in ihren ausgewaschenen Formen und unterschiedlichen Farben. Ich konnte das Meer riechen und verfiel einem gewissen Zauber, der allein vom Element Wasser ausgeht. In meiner Fantasie träumte ich von Schätzen, die vom Meer ans Land gespült werden können, um von alten Schiffen zu erzählen und um so ein Geschenk des Meeres aus der Vergangenheit zu sein.

In meine Träume hinein werde ich ganz plötzlich aufmerksam auf eine wunderschöne Muschel. In diesem Moment ist sie der Schatz des Meeres, der uns Menschen viele Fragen stellt!

Ihre besondere Farbgestaltung, ihre Form und ihre mit Wassertropfen bedeckte Oberfläche lässt sie in der Sonne glitzern wie einen Edelstein. Mit der nächsten Welle wird sie direkt vor meinen Platz gespült, und ich bin fasziniert. So viel Schönheit in meiner Hand als Zeichen des Meeres.

Ich drehe sie hin und her und bemerke ihre weit geöffnete Tür. Sicher war sie einmal bewohnt und wurde dann viel zu eng, aber sie bot Schutz und einen Platz der Sicherheit. Sie ist für meinen ersten Blick etwas ganz Besonderes, wirkt völlig unkompliziert und einfach, zeigt aber bis ins kleinste Detail eine ausgereifte Form. Ihre Ähnlichkeit mit einer Wendeltreppe ist gravierend, jede kleinste Erhöhung dieser ganz besonderen Substanz bildet Windungen, die vor vielen Jahren entstanden. Immer wieder gibt mir ihre besondere Farbgebung – weiß und braun im sternförmigen Wechsel mit einem weißen Ring bis zur Türöffnung – Rätsel auf. Farben entstanden im Meer durch Einwirkungen des Salzes, durch Hell und Dunkel, beeinflusst durch rhythmische Bewegungen – einfach beeindruckend.

Dabei beginne ich über mein Leben nachzudenken. Ein Haus, wie es diese Muschel bietet, einfach, unkompliziert, leicht zu tragen, ist es das, was ich mir oft wünsche? Aber ich tue dafür *nichts*!

Meine Mutter, mein Mann, meine Kinder, meine Enkel – alle spielen eine Rolle in meinem Leben. Es dreht sich doch eigentlich alles um Mahlzeiten, Einkäufe, Hausarbeit, Rechnungen,

Wäsche, und so weiter. Alles muss aufeinander abgestimmt sein – Tag für Tag, Monat für Monat!

Das ist nun mal nicht das einfache Leben und es passt nicht in die Muschel in meiner Hand, und doch suche ich es!

Hier, jetzt, in dieser Stunde könnte ich mir eine Vereinfachung in meinem Leben gut vorstellen. Interessen und Pflichten besser aufeinander abzustimmen, Einschränkungen zu erkennen und zu lernen, materielle Dinge nach Gebrauch abzuwägen. Meine kleine Meermuschel verlangt Entscheidungen, materiellen Besitz, den ich aus Sicherheitsgründen, aus Bequemlichkeit, aus Eitelkeit oder um der Schönheit Willen in den Jahren zusammengetragen habe, zu entrümpeln. Brauche ich das alles wirklich? Aber eine Vereinfachung des äußeren Lebens genügt dabei nicht – und zur inneren Vereinfachung weiß ich keine Antwort!

Meine Muschel ist wunderschön und sie hat viele neue Gedanken aufgeworfen, die mich sicher noch länger begleiten werden.

Sie soll mein Reisemitbringsel sein!

Sie bekommt einen Ehrenplatz auf meinem Schreibtisch!

Sie ist aus Schottland!

Unsere junge Reiseleiterin ruft zum Aufbruch. Ich räume meinen Platz und stecke mein Muschelhaus in die Tasche.

Es war für mich eine wunderschöne Stunde am Meer, das ewig singt und uns Menschen mit seinem weiten Horizont fesselt.

Heute hat meine kleine Muschel ihren versprochenen Ehrenplatz. Sie erinnert mich an eine interessante Reise in einem Land mit vielen Gesichtern.

Aber ich konnte nicht zurückbleiben – nur ein Ausbruch für eine Woche war mir bestimmt. Ich schöpfte Kraft und kam mit so vielen Eindrucken in mein Zuhause zurück. So hat jeder von uns seine Rolle in dieser Welt. Es ist wichtig, einen Platz einzunehmen, den man ausfüllen darf – auch ich gehöre dazu, zu meiner Familie, zu meinem Ort und zu meinem Land.

Manfred Leupold

I
Endlich mal Zeit

Endlich mal Zeit – und das ohne Zahnweh,
ohne Denken an drangvolle, zeitraubend
wichtige Pflichten,
Termine.
Zeit – einfach – um sie verrinnen zu lassen,
unbeschwerten Gewissens –
und dennoch
noch in ihr zu sein.

Den Augenblick und den nächsten –
von wie vielen noch? –
nur schauend, atmend, hörend zu spüren:
Ich habe Zeit – also bin ich!

Ich – schwerelos –
ein Akkord von Sein
für den Nu!

Und im nächsten?
Verräterisch schon dein erstes Wort:

e n d l i c h

Was wie lange ersehntes Ziel
nach Erfüllung klang,
sagt eigentlich nichts
als ›Ende‹ an.

Vorbei im Nu das Gefühl, im dehnbaren Jetzt
zufrieden
gewesen zu sein.

Sinnloser Zeit-Vertreib?

Oh, Narr!
Was verdient Dauer,
wenn nicht das kleinste Korn
– Werk oder Wort –
aber zur Wohltat gereift
in deiner unendlich verheißungsvollen,
im Flug entfliehenden
Zeit.

II
Amerikas Plan

Für uns und die Welt machen wir den Plan.
Denn wir haben, was ein guter Plan braucht:
Know-how und Praxis, Sponsoren und Geld.
Informationen weltweit, selbst über Planeten.
Geheimdienste, die alles liefern,
was unser Plan braucht.

Der braucht die wachsame, wachsende Allmacht
          des Kapitals
für den Bau der eigenen Festung und den Kauf
der käuflichen Marionetten im Vorfeld.
          Das ist der restliche Globus.
Der Plan – einmal angeschoben – läuft
          selbständig weiter.

Nichts bleibt dem Zufall überlassen.
Wir sind vor Ort, damit die gewünschte
Rendite des Ortes uns zufällt.
Es gibt Orte, da richtet der Dollar nichts aus.
Dorthin schickt unser Plan die modernsten
der denkbaren Waffen – wohl sortiert –
von den verfügbaren die effektivsten Systeme.

Der Plan setzt auf Stärke, hält nichts
          von geduldiger Diplomatie.
Rechtfertigung wird gestrickt für jede Aktion.
          Der Sieg läßt Unrecht
          danach schnell vergessen.

Der Plan läßt die Kriege gewinnen
          und kennt die Kosten.

          Kennt er auch den Preis?:
Das verlorene Vertrauen der Völker, daß

          Amerika eine Friedensmacht sei.

III
Amerika, du kannst es besser.

»Ob nach Auschwitz noch sich leben lasse?«[1]
    Ja! man muß, aber anders!

Ob nach Hiroshima sich noch lachen lasse?
    Nein! wenn Lachen Feinden gilt!

Ob nach Vietnam sich noch hoffen lasse?
    Ja! wenn einer lernen kann!

Weltmacht Amerika, du hast von Allem das Beste.
    Du bist von Allen der Größte.
    So hast du auch die höchste
Pflicht, Frieden zu schaffen in dieser Welt.
    Du betest: ›Gott schütze Amerika!‹
    Wer schützt Menschen vor deinen Bomben?

    Du weißt: Die Friedfertigen
        heißen Gottes Kinder.[2]

    Wer kann friedfertig handeln,
        wenn nicht der Stärkste?

    Du weißt: Die Sanftmütigen werden
        das Erdreich besitzen.[3]

    Also s p r i c h mit deinen
        ärgsten Gegnern – mit Geduld –
        Du hast den längeren Atem!

---

1 Th. Adorno: Ges. Schriften 6/355.
2 Matth. 5,9
3 Matth. 5,5

Deinen unermeßlichen Reichtum verwende
                für bessere Gerechtigkeit
                        statt für Kriege.
D a n n wirst du die Freundschaft der Völker
                        gewinnen.
                Gewaltsam gewinnst du sie nicht.

Amerika! Die Welt beschwört dich:
                Mach es besser!
        Sonst wird ›Ground Zero‹
                erst der Anfang
        von Terror in der Welt
                gewesen sein.

IV
m u t t e r ?

du warst eine
zangengeburt
doch ein
fröhliches kind
mein stern
dann hieß es
krieg
du warst der erste
den er genommen
deine brüder sind
dir gefolgt
ich ende in
erstarrten sitten
als hätte ich
söhne
nie
geboren

V
Fortschritt?

Amerika, du stehst für Fortschritt.
Und Völker schauen neidvoll auf deine
          ›schöne neue Welt‹.
Für Generationen warst du ein gelobtes Land,
wenn auch vornehmlich für den weißen Mann.
Inzwischen gibt es schwarze Offiziere.
Du bist – erfolgreich ohnegleichen –
zur größten Weltmacht aufgestiegen.
Die Frage lautet längst: ›Was macht
          Amerika mit seiner Macht?‹

Möglich wäre: den Völkern vorzumachen,
wie aus Fehlern der Vergangenheit
          zu lernen ist.
Daß nur ein neues Denken und Verhalten
Zukunft schafft, Zukunft für alle
          – menschenwürdig –

Möglich wäre: Verzicht auf immer
noch mehr Macht und Herrlichkeit,
damit der Hunger in der Welt aufhört.

Fortschritt wäre: den Mut zu haben,
der Vision von Frieden und Gerechtigkeit
an runden Tischen – mit allen, die es angeht –
          nachhaltig Bahn zu brechen.

Statt dessen wird nach alten Mustern
Gewalt der Waffen vorgeführt.
Weltordnung – Unterordnung –
          unterm Sternenbanner –

Ist das der einzige Weg, auf dem
war lords, kleinen und großen,
das Handwerk gelegt wird,
          vom größten?!

Begraben die Hoffnung,
daß nur unermüdliches Ringen
um zumutbare Friedensordnung
als Fortschritt
erkannt
          und anerkannt wird?

VI
Phantomschmerz blau
und gelbe Kamille

Als der Daumen – halb und zerfetzt –
zwischen mir und der Säge lag,
war es zuerst wie ein Schlag.
Als hätte ein Holzstück
den Daume ngetroffen.
›Tölpel‹, dachte ich, ›halt fester den Keil!‹
Doch da war nichts mehr,
was ihn hätte halten können.

Da erst begriff ich:
du hast links keinen Daumen mehr.
Aus dem Schlag wuchs Schmerz
– Wundschmerz – nicht einmal allzu stark.
Zwei Ärzte nähten den Stumpf.
Am Abend sitze ich stumm,
den Arm in der Schlinge.

Die Bilanz nach Tagen ist bitter:
Der Blinkschalter am Motorrad
hat keinen Drücker mehr – lächerlich?
Das Lagenspiel auf der Geige
unsicher – schade!
Die Unversehrtheit
unwiederbringlich dahin – Trauer!
Da tut etwas weh, was gar nicht mehr da ist.
– Phantomschmerz –

Und dieser Schmerz bleibt
– immer da – dumpf – blau.
Nur die Erfahrung: was eigentlich
nicht zu verschmerzen ist,
ist auszuhalten, gebiert jenseits
alltäglicher Hinderung
die Vision: Zurückgewinnung

und end-liche Heilung
– gelbe Kamille –

Dem kleinen Verlust entspricht der größte.
Der stellt sich ein an dem Tag,
da mich die Nachricht ereilt:
›Gott ist tot!‹
Im Hörsaal, vom Weltgebäude herab:
›Es ist kein Gott!‹
Es war zuerst, als sei es ein Schlag,
der betäubt. Alles Denken – Wünschen
und Sein.

Die Bilanz nach Semestern ist bitter:
Soll alles, was ordnungsgemäß bisher
seinen Gang nahm,
umsonst sein? – lächerlich?
Vertan alle Zeit und Kraft
für ein redliches Tagwerk? – schade!
Der Glaube – nur Wunschgespinst
im sonst haltlosen Ich? – Trauer – untröstliche!
Wahrlich Phantomschmerz!

Dieser Schmerz bleibt im Hintergrund
jedes Gedankens, jeder Freude,
jeder Frage nach Sinn und Zweck –
dumpf – dunkel – blau.

Nur der Wille: Was eigentlich nicht
auszuhalten ist, mußt du verschmerzen
wider alle Hoffnung –
um der Hoffnung willen –
daß jenseits alltäglichen Wahn – Sinns
neue Geburt ist – V o l l e n d u n g .

Für hier ›Gelbe Kamille‹!

VII
Lyrik?

Im Vergleich zu den wirklichen Dichtern
– nicht nur den großen – ist Lyrik heute
›meist nur ungereimtes Zeug‹
sagte mein Lehrer mitunter mißmutig.
Gestammel – Lallen – zerrissene Satzfetzen.
Warum ist das so?
Kann es nicht anders sein!
Sind wir zu faul oder unfähig,
feinsinnig zu feilen?:
Gedanken, Gefühle, Hoffnungen, Ängste
in Metrum und Verse, Wohlklang der Worte,
schön fließender Sprache
zum begeisternden Kunstwerk zu fügen?

Ja! Unfähig!
Die Machart der Klassiker geht nicht mehr.
So laß auch Jamben und Hexameter.

Unfähig, Warum?
Weil die unbeschreiblichen, schrecklichsten
Grausamkeiten, zu denen Menschen
fähig waren und sind
– die zahllosen Schauplätze und Namen sind
bekannt – unfähig machen,
Gedichte zu schreiben
im vormaligen Stil.

Es genügt, H o l o c a u s t – völlig verbrannt –
zu buchstabieren.
Danach ist abgewürgt
jedes hehre, edle, lyrische Wort.

Die abgründigen Ungereimtheiten des Alltags
machen Reime höchstens noch brauchbar
für Zyniker.

Gedankenlos bis mutwillig
sorgen wir täglich dafür, daß unsere
›beste aller denkbaren Welten‹
samt ihrer ›prästabilierten Harmonie‹
in den Arsch geht.
Wozu also eine – auch nur irgendwie –
harmonische Rede?! – Als Droge?

Stückeschreiber, Bildhauer, Komponisten
spiegeln dieses Bewußtsein genau so.

Das Gedicht – so lernten wir mal –
soll die wahren Empfindungen
des Menschen in seiner Zeit
in dichter, gebundener Sprache
verständlich zum Ausdruck bringen.

Die dichteste Form meines Empfindens
– hörbar gemacht –
wäre der

S c h r e i !

so laut und lange der Atem reicht:

A u f - H ö r e n !

Drum: Wenn du – unfähig, zu ermutigen –
nur erschrecken kannst,

s c h w e i g !

Uschi Merkle

Die Geschichte wurde im Oktober 1979 geschrieben, im Juli 2003 wie folgt überarbeitet; die Namen sind von mir erfunden, eventuelle Ähnlichkeiten von Namen und Handlung sind unbeabsichtigt!

ZURÜCK AUF DEN RECHTEN WEG

Personen: Dietmar Rontex, Sonja Stolz und andere.

Die Zellentür schließt sich hinter Dietmar Rontex, der sich unter Freunden Didi nennt. Wieder einmal ist der schlanke und gutaussehende Mann mit den braunen Locken eingesperrt. Es ist das fünfte Mal in seinem jungen Leben. Der Dreiundzwanzigjährige legt sich auf die Pritsche, wo er über seine verpfuschte Vergangenheit nachdenkt. Spät in der Nacht schläft er ein.

Dietmar wurde als einziges Kind der Familie geboren. Die Eltern waren sehr gut, zu gut zu ihm. Er wurde sehr verwöhnt, hatte alles, was er brauchte, brauchte nichts zu arbeiten und sich um nichts zu kümmern. Seine Eltern nahmen ihm alles ab, so dass er ein Pflichtgefühl und Verantwortung nicht kannte. Die überzogene Liebe und Fürsorge trieb ihn von zuhause fort. So kam Dietmar an zwei Schlägertypen, die sich ihr Geld durch Automatenknacken und ähnliches »verdienten«. Die beiden waren drei Jahre älter als er und hatten ein Auto. Das und die Härte der Ganoven beeindruckten den damals Sechzehnjährigen sehr. Beim nächsten »Knacken« war Didi dabei. So ging der Kreislauf los: Er empfand eine Art von Selbstbestätigung, fühlte sich stark und machte sich keinerlei Gedanken über morgen! Plötzlich war der Junge mitten im kriminellen Milieu. Die Straftaten wurden immer schwerer; zuletzt stahl er ganze Autos und schaffte sie ins Ausland. Deshalb war er jetzt hinter Gittern!

Nach zwei Wochen Einzelhaft bekommt Didi die Aufgabe als Essenträger. Das macht ihm zwar keinen besonderen Spaß, aber es ist immerhin eine Abwechslung in seinem trostlosen Dasein. Immer wieder hat Dietmar starke Depressionen, obwohl er sonst ein harter und zäher Kerl ist, jedenfalls äußerlich! Eines Tages dreht er durch und will sich das Leben nehmen. Im letzten Moment wird er durch einen Gefängnisbeamten gerettet.

Endlich wird Dietmar entlassen. Zu seiner großen Überraschung wird er von seinen Eltern abgeholt, die ihn auch gleich zum Essen einladen. Die Unterhaltung läuft stockend, dann kommt der »Hammer« für den jungen Mann. Die Eltern wollen ihn nicht mehr zuhause aufnehmen, er soll nur noch zu Besuch kommen. Dietmars Hoffnung zerplatzt, es folgt eine Verzweiflung. Er verabschiedet sich von seinen Eltern und geht die Straße mutlos entlang. Er begegnet einem Mädchen und hat mit seinen Sprüchen sofort Erfolg. Die hübsche Susi nimmt ihn mit nach Hause. Sie verstehen sich so gut, dass Dietmar für die nächsten Tage versorgt ist.

Einige Zeit später ist er wieder allein. Er isst sich hier und da bei einem Kumpel satt, schläft sich ab und zu mittags bei seinen Eltern aus und macht die Nacht zum Tag. An Arbeit denkt er nicht, lebt die meiste Zeit auf Kosten von Prostituierten, Barmädchen und nimmt auf gemeine Weise gelegentlich homosexuelle Männer aus. Auf diese Art vergeht ein ganzes Jahr. Da lernt er eines Tages die Freundin eines Kumpels kennen. Mit einigen Ausreden und Zufällen gelingt es ihm schließlich, das Mädchen Sonja Stolz zu erobern. Nach einer aufregenden Nacht in einem kleinen Hotel beginnt für die Beiden ein neuer Lebensabschnitt.

Eine Woche wohnen Dietmar und Sonja zusammen. Sie verstehen sich gut und sind glücklich; aber sie müssen eine schwere Zeit durchstehen. Durch seine Vorstrafen gerät Didi immer wieder in Verdacht, so dass manchmal die Polizei klingelt. Auch mit den Eltern der Beiden gibt es öfter Krach. Die ersten Tage drückt sich Dietmar immer noch vor einer Arbeit. Aber plötzlich weiß er, dass es anders nicht mehr geht. Endlich macht er sich auf den Weg, um einen Job zu finden. Nach wochenlangem Suchen hat er endlich Glück. Er fängt an zu arbeiten, leider nur ein paar Tage. Dann wird Didi schwer krank. Sein Chef kündigt ihm. Sonja geht in die Firma und kämpft für ihren »Lockenkopf«. Der Firmenboss ist beeindruckt von der jungen Frau und gibt Dietmar doch noch eine Chance.

Auch die nächsten Monate sind sehr schwer für die beiden Verliebten. Immer wieder kommt es zu neuen Überraschungen aus Dietmars Vergangenheit, die oft Enttäuschung, Wut, Verbitterung und auch Verzweiflung nach sich ziehen. Aber Didi hat sich sehr gut an seine Arbeit gewöhnt, die Schulden werden langsam weniger, und mit Sonjas Hilfe findet er auf den rechten Weg zurück.

Zwei lustige Anekdoten von einem Urlaub in Österreich

1

Vor vielen Jahren fuhr die ganze Familie für einen Urlaub nach Österreich. In einem schönen Restaurant wollten wir zu Mittag essen. Mein Vater und ich bestellten kein Schnitzel mit Pommes frites und Salat. Für uns sollte es etwas Besonderes sein, etwas, das man nicht überall bekommt! Er wünschte sich einen Hirschbraten mit entsprechenden Beilagen und ich eine Forelle blau. Damals war ich noch sehr jung und hatte keine Ahnung, wie eine Forelle blau serviert wird. Unser Essen kam, auch mein Fisch, mit Kopf und Schwanzflosse! Ich sah auf den Teller und in das offene Auge meiner Forelle. Ich schluckte und sagte: »Lieber Himmel, die guckt mich ja an! Die kann ich nicht essen! Sprach's und fing bitterlich zu heulen an. Alles staunte über mich, auch die Gäste an den Nebentischen wunderten sich, und meine Eltern fingen an zu schimpfen. Nach dem ersten Schrecken und Minuten, in denen ich mich wieder beruhigte, schmeckte mir die Forelle blau mit den Kartoffeln sehr gut. Jahrelang hat man bei passender Gelegenheit immer wieder darüber gelacht!

2

Auch die zweite Begebenheit in unserem Österreichurlaub bringt jeden zum Lachen; natürlich geht's wieder um mich, nur gut, dass auch ich darüber lachen kann. Aber natürlich habe ich mich zuerst darüber aufgeregt.

Wir waren in Salzburg; und wieder ging's um das Essen. Schon oft vorher hörte ich von der Spezialität »Salzburger Nockerl«. Diese wollte ich probieren. Wie bei der Forelle hatte ich auch hier keine Ahnung, was auf mich zukommt! Ich stellte mir so eine besondere Art von Kaffeestückchen vor. Man schickte mich nämlich in eine Bäckerei! Die Verkäuferin sagte mir, dass sie keine Salzburger Nockerln verkaufen würden, es sei eine Mehlspeise, die ich in einem Lokal bestellen könnte. Alle anderen lachten sich kaputt, weil ich mit »meinen Nockerln« keine Ruhe gab. Also, nach dem nächsten Mittagessen in einem schönen Restaurant bestellte ich als Dessert »Salzburger Nockerl«. Als sie kamen, wusste ich, warum mich die Bedienung so verwundert ansah. Es ist eine Hauptmahlzeit, viel zuviel für ein Dessert. Die ganze Familie zwang sich die Nockerln hinein. Wahrscheinlich hielt man uns für »verrückt«. Aber es war ein unvergesslicher Urlaub!

Mein erster Traumberuf

Andere Kinder hatten eine Schaukel im Hof oder im Garten hinter dem Haus. Ich hatte auch eine, aber keine normale, sondern eine Stange. Die hing an einer großen Stange zwischen Fliederbaum und unserem Balkon, denn ich wollte Trapezkünstlerin werden. Jeden Tag nach der Schule trainierte ich. Zwischendurch habe ich mich auf die Stange zum Schaukeln gesetzt und gesungen, manchmal stundenlang. Dann ließ ich mich wieder nach hinten fallen und hing nur in den Kniekehlen fest. Je nach Lust und Laune machte ich meine Kunststücke, die ich mir im Zirkus anschaute. Gelegentlich kam einer in unsere Stadt. Es war das Größte für mich, mit meiner Familie dort zu sein. Meistens sah ich eine Zirkusvorstellung im Fernsehen. In unserem Hof sah mir ab und zu mein Vater zu, weil seine Werkstatttür gegenüber meiner Schaukel war.

Um alles ein bisschen spannender zu machen, habe ich die Schaukel angestoßen und mich sozusagen hinaufgeschwungen. Das war wieder einmal so, doch leider hatte ich es nicht geschafft. Ich flog über die Stange hinweg und landete voll auf Brust, Bauch und dem Gesicht. Gerade in diesem Moment stand mein Vater zufällig vor seiner Werkstatt. Wie es dann immer so ist, lachte er zuerst einmal schallend drauf los, so dass auch noch meine Mutter auf den Balkon gelaufen kam. Ich hatte mir außer ein paar blauen Flecken und einer Menge Schürfwunden im Gesicht nichts zugezogen. Natürlich wurde von allen über mein Gesicht gespottet, was mich aber nicht davon abhielt, am nächsten Tag wieder zu trainieren.

Andere Kindheitstraumberufe folgten, es war aber keiner mehr so gefährlich. Dies ist eine andere Geschichte.

Michael Pabel

Tauziehen

Gern besuche ich mit meinen beiden Kindern, den fünf- und sechsjährigen Töchtern, den Dorfspielplatz. Sarah und Judith lieben ihn – mit seinen Schaukeln und Wippen, der Rutschbahn, einem Sandkasten und einer Kinderseilbahn.

Heute aber liegt eine lange, rote Wäscheleine auf dem Rasen. Ist sie für den Spielplatz gedacht, oder hat sie jemand hier vergessen?

Für die Mädchen wird das Seil zu einem Anlass, stundenlang damit zu spielen und ihrem Einfallsreichtum freien Lauf zu lassen. Wir Erwachsenen oder auch kleine Jungs würden sofort an Tauziehen denken. Dabei ginge es um ein Gegeneinander, um Kräftemessen, um Gewinner und Verlierer.

Die beiden Mädchen aber beginnen zunächst mit Seilspringen. Danach ziehen sie beide am gleichen Strang. Und siehe: das Seil reicht über den ganzen Spielplatz.

Schließlich bindet sich Sarah die Leine um den Leib, springt auf die Kinderseilbahn und schwebt hinunter. Judith zieht die am Seil Schwebende wieder hinauf. Danach tauschen beide die Rollen. So werden sie Dienerin und Helferin an der Freude der anderen.

Als nächstes erinnern sie sich, wie der kleine Tiger und der kleine Bär in der Geschichte von Janosch das Telefon erfinden. Nun telefonieren sie durch das Seil von einem Ende des Spielplatzes zum anderen. Auch ich werde von ihnen angerufen und zu einer Zirkusvorstellung an den Geräten eingeladen. Dabei halten sie das Seilende abwechselnd als Hörer oder Sprechmuschel ans Ohr oder an den Mund. »Ich ruf dich wieder an, wenn die Vorstellung beginnt«, sagt Sarah.

Eine weitere Idee ist der Rettungstaucher. Eines der Kinder schwärmt aus, um jemanden zu retten, zum Beispiel mich auf der Wiese. Die Leine hält dabei den Kontakt zum anderen Kind »auf dem Trockenen«, das schließlich Taucher und Geretteten ans Ufer zieht.

Schließlich binden sich beide Mädchen ein Ende des Seils um und sind nun Zwillinge. Nicht so wie siamesische, sondern die Distanz, die Bewegungsfreiheit, der Spielraum bleibt gewahrt. Und doch hängen sie zusammen und sind aufeinander angewiesen. Sie tun alles gemeinsam. Dabei kommt es auf genaue Absprache an, auf Einigkeit, zu welchem Spielgerät hin sie sich bewegen wollen.

Mir kommt dabei unwillkürlich der Gedanke an einen Begriff aus dem Bergsteigerlatein: die »Seilschaft«. Und dies nicht nur im negativen Sinn wie zur Zeit der Wende und Wiedervereinigung, als es galt, die »alten Seilschaften« des DDR-Regimes aufzubrechen. Nein, ich meine die tiefen menschlichen Erfahrungen, welche dieser Bergsteigerbegriff in sich birgt, wie Leben in Gemeinschaft gelingen kann. Im christlichen Kontext wurden Menschen in der Nachfolge Jesu als »Seilschaft des Herrn« bezeichnet.

Meinen beiden Kindern gefallen die Spiele mit der Wäscheleine so gut, dass wir am nächsten Tag noch einmal den Spielplatz aufsuchen. Diesmal ist die Enttäuschung groß: das Seil ist verschwunden. Schließlich entdecken Sarah und Judith es im Nachbargarten an einem Baum. Vom Sturm gezeichnet, steht er ganz schief, und seine Äste sind bereits abgesägt. Das Seil soll helfen, ihn endgültig zu fällen und umzulegen: ein Todeswerkzeug!

In der Erinnerung der Kinder aber wird es – bei aller augenblicklichen Trauer – ein Zeichen der Lebensfreude bleiben.

Vielleicht können wir das von den Fünf- und Sechsjährigen wieder lernen, wie menschliches oder christliches
Leben in Gemeinschaft gelingen kann:

Nicht durch Tauziehen und Kräftemessen,
sondern mit Kreativität und Mut –
durch ein vergessenes Seil auf dem Spielplatz.

(Durrhausen 1999)

Aids

Wie ist das, wenn man sterben muss?

*D*a ist der 9-jährige Diogo in Brasilien. Er hat Aids und lebt jetzt in einem Kinderheim. Als Säugling hatte ihn seine Mutter beim Stillen mit dem tödlichen Virus infiziert. Als sie später mit Zwillingen schwanger ging, brachte sie in ihrer Verzweiflung Diogo als Vierjährigen ins Heim. Kurz zuvor hatte er mit ansehen müssen, wie sein Vater einen Menschen erschoss und von der Polizei verhaftet wurde.

Mich erschüttert diese Geschichte, weil sie nicht erfunden ist. Der deutsche Theologe Peter Eicher, der mit seiner Frau dieses Heim für Aids-Infizierte am Stadtrand von Sao Paulo einrichtete, hat davon erzählt.

Und ich frage mich. Wo bleibt hier Gottes Gerechtigkeit – für Diogo, für seinen Vater, seine Mutter? Was kann Diogo dafür? Meine eigenen Probleme werden klein vor diesen Fragen. Vor allem vor der Frage, die sich jedem von uns manchmal unerwartet und unvermittelt stellt: Wie ist das, wenn man sterben muss?

Eines Morgens stolziert die größte Henne mit sechs goldenen Küken unter dem Baum im Kinderheim hervor. Das war ein Jubel bei den Kindern!

Am nächsten Tag aber die schreckliche Entdeckung: alle sechs Küken liegen ertränkt neben einem Wassereimer. Das kann nur Diogo gewesen sein, der bis zum Abend verschwunden bleibt. Als er sich dann aus seinem Versteck wieder hervorwagt und gefragt wird: »Warum hast du das getan?«, antwortet Diogo: »Ich wollte sehen, wie das ist, wenn man tot ist.«

Wir selbst, die wir diese Begebenheit hören, brauchen erst mal einen Augenblick, das Ungeheure zu verarbeiten. Und, ohne zu urteilen, danach zu fragen: Was mag wohl in dem Neunjährigen vor sich gegangen sein? Wollte er wirklich töten?

Diogo weiß um das Schicksal seines Vaters. Auch seine Mutter wurde wenig später auf der Straße ermordet. Und Diogo weiß, dass er selbst bald sterben wird.

Eines Morgens setzt er sich und beginnt, ein Bild nach dem anderen aufs Papier zu malen. Alle drei Bilder hat er dann dem Leiter des Kinderheims geschenkt.

Wollte man eine Überschrift über diese Bilder setzen, so müsste sie lauten: Diogos Sehnsucht nach Leben.

Auf dem ersten Bild entweicht ein farbenfroher Schmetterling dem vergitterten Haus. Da Diogo sonst nur Gitter malte, spürt man bei diesem Bild: seine ganze Lebenskraft entweicht dem Gefängnis und erhält Flügel.

Auf dem zweiten Bild hat Diogo eine mächtige Schildkröte gemalt. Sie ist in vielen Kulturen das Symbol für ewiges Leben. Unter seinem Panzer versteckt, überlebt Diogo das Unheil und blickt vorsichtig aus seinem Gehäuse.

Auf dem dritten Bild aber erglänzt eine Mondsichel. In ihrem Inneren birgt sie ein kleines rotes Bündel. Der arme Diogo birgt sich in die Mutterwärme seines Mondes ein.

Ob uns die Zeichnungen des kleinen Jungen etwas ahnen lassen von der Hoffnung, die in uns lebt? Das Heim in Sao Paulo nennt sich »Land der Verheißung«. Dort hat Diogo träumen gelernt: von der Schildkröte und ihrem Schutz, von der Geborgenheit der mütterlichen Mondsichel und vom Schmetterling, der sich über alle Gitter erhebt.

(München 1998)

Kanarische Inseln

Waren Sie schon mal auf Teneriffa?

Sicher fällt Ihnen sofort eine Traumwelt ein. Und es gibt ja so günstige Last-Minute-Angebote.

Nichts wie weg, hieß für mich neulich die Devise. Ich musste einfach mal raus.

Dort angekommen, erwies es sich als Flucht. Denn wenn man abgehauen ist, wird nichts gelöst. Vielleicht gewinnt man ein wenig Abstand, aber die Probleme bleiben oder werden nur verdrängt. Vor allem aber nimmt man, wie das Sprichwort sagt, sich selber mit.

Häufig korrespondieren ja Landschaft und Wetter mit der Handlung in einem guten Roman – oder in unserem eigenen Leben. So erging es mir auf dem Weg zu den Kanaren. Zunächst überflogen wir die Wüste Sahara. Aus zehntausend Metern Höhe konnte ich deutlich die rötlichen Sanddünen erkennen. Hier, aus sicherer Entfernung, überkam es mich: Was ist eigentlich zur Zeit mein Leben? Sand, Wüste, ausgebrannte Dürre, und keine Oase in Sicht? Verglühen würde ich, verdursten, wenn ich mich weiterhin auf mich selbst verlasse. Und wer friert dort unten, nachts, wenn es in der Wüste bitterkalt wird, oder daheim, wenn er meine unvorbereitete Flucht entdeckt?

Bald darauf landeten wir auf Teneriffa. Die Urlaubsorte am Strand flimmern wirklich wie Phantome aus einer anderen Welt oder wie die leuchtenden Prospekte der Reisebüros. Die Stadtteile oder Hotels haben Namen wie »Paraiso del Sol«. Sie wollen das Paradies, den Himmel auf Erden, versprechen. Man soll sich hier zeitlos glücklich fühlen – unter der südlichen Sonne.

Doch etwas Merkwürdiges, Bedrohliches drängt sich mir auf den Kanaren auf: die hohen, kargen Vulkangipfel im Hintergrund. Oft sind sie bewölkt oder im Dunst. Aber keiner scheint sie zu beachten. Sie gehören einfach zum bizarren Hintergrund, während sich alles am sonnigen Strand tummelt. Mir scheint sogar, die spanischen Bewohner gehen recht verantwortungslos mit diesen Gebirgslandschaften um: Umgehungsstraßen werden rücksichtslos durch die Landschaft gezogen, Gesteinsmassive abgebaut und geräumt, Neubaugebiete hoch hinaufgezogen, und außer an den Stränden wirkt die Landschaft für mich unsauber, ja wie ein »Tohuwabohu«, für das sich niemand verantwortlich fühlt.

Im Spessart, am hessischen Vogelsberg, in der Oberlausitz oder im Chiemgau ist es zuerst die Landschaft, die Urlauber anzieht. Die Urlaubsorte stimmen sich darauf ab.

Für mich wirkten die unbewaldeten Vulkangipfel ständig wie ein drohendes Gewitter, welches sich über uns zusammenbraut. Und mir meine Ängste wieder bewusst machte, die in mir sind.

Nein, ich meine keine Weltuntergangsstimmung, wie sie manche Sekten verbreiten. Eher wie der Ruf, die Mahnung eines wachsamen Propheten, während alles ums Goldene Kalb tanzt. Habe ich denn nicht mitgetanzt?

Verändert bin ich von den Kanaren zurückgekehrt. Und ich möchte Ihnen, den Lesern, nicht abraten, dort einmal hinzufahren. Aber vielleicht finden Sie heute ein Stück Kanaren in sich, ohne vor sich selbst auf der Flucht zu sein. Wenn Sie die Botschaft des drohenden Vulkans verstehen und die Ängste in sich spüren. Und dann wie an einem sonnigen Strand die Kraft gewinnen, Ihrem Problem nicht aus dem Weg zu gehen und mit ihm zu leben.

(Durrhausen 1999)

Oswald Poplas

PRIMAVERA

Wie rätselhaft bist *Du*,
Du blonde Florentinerin
Zärtlich schimmert
Dein Haar im warmen Sonnenstrahl
Wie Gorgonenfäden aus Gold

Deine blonden Locken
Gleichen Efeuranken
Die leicht und bezaubernd
Deinen weißen Hals bedecken

Du bist so schön
Und gleichst doch einer Sphinx
Die lächelnd bringt den Tod
Und lächelnd Glück den Menschen

Ein Traum in Barcelona

Die schönen Tage von Barcelona
Sie - sie sind vorbei.
Doch ein mächtiger Traum
Umschlingt die Herzen

Schlangengleich verschlungen windend
Dem Glück entgegen
Durchbohrt ein Sonnenstrahl —— die Augen
Und es wird so hell.

Ich sehe nichts als Licht und Wärme
Vermag die Nacht — vom Tag nicht
Zu trennen und schwebe gleich
Dem Schmetterling durch Raum und Zeit

Und wenn der heiße Strahl der Sonne
Mit der kühlen Haut des Mondes
Gänzlich sich verschmilzt
Verlierend alles *Alte*, gewinnend neue Kraft.

EIVISSA

Oh Eivissa im Mai, Du Traumhafte
Warum hast du mich so getäuscht?
Oh nichts Gutes wußte ich von Dir
Warum läßt Du mich nicht mehr los?

Dein sanftes Antlitz ist es,
Auch manchmal umwölkt, Dein Auge
Atalayas Hauch umstreichelt sanft die Haut
Dann weiß ich, allein nur trösten willst Du mich!

In solchen Augenblicken aber,
sehe ich es manchmal blitzen,
vor kurzem Dein Auge noch bedeckt,
ertragen kann ich Seinen Glanz

Deine Wangen aber, Oh Eivissa
so rund, so voller Leben
so friedlich, so einsam
sie duften nach dem Harz von Aleppo

Was Dein Mund mir auch flüstert
Ich kann es nicht verstehen,
zu schmal sind Deine alten Lippen
zu eng und voller Falten

Ein aufregender Tag

*E*s war ein heißer Tag und jedermann spürte, daß irgendetwas in der schwülwarmen Luft ausgebrütet wird. Männer, Frauen und sogar die Kinder waren gereizt und überaus empfindlich gegen die sich ausbreitende Schwüle. Feuchtwarm drückend, sehnten sich die Menschen nach dem erlösenden Regen.

Johann R., zusammengedrückt durch die Auseinandersetzungen an seinem Arbeitsplatz und die feuchtwarme Luft, ging ganz langsam nach Hause. Zum einen konnte er einfach körperlich und geistig die Beine nicht dazu bewegen, schneller zu gehen; zum anderen wollte er auch nicht schneller nach Hause kommen. Eine trübselige Stimmung stieg in ihm empor und fesselte seinen Kopf. Johann R. konnte sich nicht erinnern, wie lange es schon her war, sich in solcher mißlichen Verfassung wiederzufinden.

Zu Fuß brauchte er, bei bester Kondition, vielleicht eine halbe Stunde bis nach Hause. Aber diesmal würde es bestimmt etwas länger dauern. Er blieb auch nicht immer auf derselben Straßenseite, sondern wechselte, entgegen seiner Gewohnheit, mehrmals die Seiten.

Morgens ging er mit den Autos in die Stadt zu seiner Firma, abends mit den Autos hinaus aus der Stadt zu seiner Wohnung. Das war ihm so in Fleisch und Blut übergegangen, daß er jedes Haus, jede Kreuzung, jeden Baum mit einer bestimmten Uhrzeit verbinden konnte. Er brauchte keine Uhr mehr, er hatte sie abgeschafft. Die Zeit konnte er in Intervallen messen.

Jeden Morgen sah er die Autos mit den gleichen Kennzeichen und Menschen, die plötzlich älter schienen, Menschen, die ihm auf einmal abgingen und nicht mehr wieder kamen. Und abends ging er mit all den Autos und den Menschen, die ihn morgens überholten, anhupten und ihn vielleicht auch ansahen, wieder hinaus aus der Stadt.

Leicht gekrümmt und geknickt wanderten seine Blicke

durch die Schaufenster, blieben da und dort hängen, versuchten etwas zu erspähen, wovon er im Grunde nichts ahnte. Nichts Besonderes war zu sehen. Was wollte er eigentlich? Er wußte es selbst nicht!

An den Häusern und den Bäumen konnte er erkennen, daß ihn nur noch wenige Meter von seiner Wohnung trennten.

Was würde heute seine Frau zu ihm sagen? Würde sie überhaupt etwas zu ihm sagen? Wenn doch, was und wie würde sie ihm es sagen? So viele Gedanken gingen ihm wirr durch seinen Kopf.

Was sollte er ihr sagen? Von seiner Auseinandersetzung am Arbeitsplatz? Oder wäre es klüger, darüber zu schweigen? Könnte sie das nicht verunsichern? Sie war ja so empfindsam.

Ehe er sich versah, stand Johann R. vor seiner Haustür. Obwohl die Luft stillstand und schwüle Luft sein Gesicht in Hunderte von Wasserrinnsalen verwandelt hatte, knöpfte er sich seinen Hemdenknopf sorgfältig zu. Seine feuchtwarme Hand glättete die Anzugjacke, richtete die Krawatte, die verrutscht war. Innerlich reckte und streckte er sich, als wolle er sich wie eine Schlange häuten. An seinen beiden Mundwinkeln spielte ein kindliches Lächeln.

Das sah alles sehr seltsam aus, hätte man die Gelegenheit zu sehen, wie Johann R. sich zu ändern begann.

Woran lag es? Niemand in er Umgebung wußte es zu erklären. Oder gab es doch eine Erklärung dafür? Ich wollte es genau wissen.

Einmal, als ich genau wußte, daß niemand zu Hause war, lief ich schnell zu dieser Haustür. Zuerst sah ich nur Holz. Helles Holz. Vermutlich Kirschholz. Aber dann sah ich noch etwas. Nicht sehr groß, beim Näherkommen wurde es aber immer größer. In der Mitte der Haustür sah ich eine Strahlensonne, einen Mond und drei Sterne.

Das war nun tatsächlich eine Überraschung und geheimnisvoll. Was mochte das bedeuten? Erklärte es die merkwürdige Änderung, wenn er vor seiner Haustür stand?

Das kindliche Lächeln lag noch in seinen Mundwinkeln. Ein anderer Johann R. legte die Hand auf den Türgriff der Haustür und öffnete sie leise. Selbstbewußt und mit einem Anflug von Stolz stand er im Vorzimmer. Die Haustür wurde so leise geschlossen, wie sie geöffnet wurde. Es gab nichts Schöneres für ihn als seine Haustür. Sie trennte die harte und laute Außenwelt von seiner Welt. Seine Welt war seine stille Wohnung und seine so empfindsame Frau. Die Kinder waren schon längst flügge geworden und hatten bereits eine eigene Familie gegründet.

In Hausschuhen näherte er sich von hinten seiner Frau, für ihn war es jedes Mal ein Akt der Überraschung. Sie drehte sich ruhig zu ihm, so daß sie sein überraschtes Gesicht sehen konnte. Sein überraschtes Gesicht verzog sich etwas und wirkte wie eine Fratze.

Sie erhob sich vom Sofa, küßte ihn leicht auf die Wange und ging zur Haustür. Sie nahm den Wohnungsschlüssel und sperrte ihren Mann ein. Niemals mehr sollte er vor ihrer Wohnungstür stehen. Niemals.

Jörg Röske

GOLDFLUT

Morgenglanz

Sehe die Welt als Abenteuer und du kannst sie besser ertragen, fühlst nicht mehr das Felsenbrüchige und Brockige, das die Schmerzen macht.

Unerläßlich und unendlich strömt es - ein goldener Saft - durch den Raum. Eine Flut aus der Ewigkeit, die starr erscheint in ihrem leuchtenden Kristallsein.

Seidig umgibt das flüssige Gold die Dinge des Raumes und schmiegt sich an und quillt in die Nischen des Raumseins. Leuchtet lieblich in einer Komposition vom Rot des Weins, vom Gelb der Zitrone und vom Orange der Orange.

Manchmal kann eine Emotion Wahnsinn genannt werden.

Eine wohlige Temperatur, das Flüssige ist nicht heiß, auch nicht kalt und doch ist der Geschmack lieblich.

Und die Stille, die den ganzen Raum erfüllt und wohl nur wegen der Goldflut.

25.9.1998

Herbstklang

Lichtgang – golden scheint das seidige Licht durch die Blätter der Bäume, die den Weg säumen.

Ich gehe ihn entlang und atme den Glanz, der umhüllt. Frieden umspült mich, mein Inneres in der Kathedrale des Waldes.

Ich durchdringe den Mantel aus Gold, das flüssige Licht, das mich wärmt, und ziehe einen schmiegenden Schweif hinter mir her gleich einem Menschen, der glück- und friedvoll die Erde durchwandert.

Das leichte Sterben der Bäume dringt an mein Ohr, und ich genieße den letzten Goldklang der Natur, bis des Winters harter und scharfer Kältewind unsere Ebene heimsucht.

Doch ich bin geschützt in meiner »Korvett«, dem Panzer-unterseeboot, das beständig das Eismeer durchzieht.

25.9.1998

Höllengold

Ich springe hinunter in den schwarzen Abgrund. Licht kommt und erfüllt mich schreckhaft – scharfrotes Gezerre und dann wurde mein Blick klar.

Eine Höhle, an deren Eingang meine rasante Fahrt endete zwischen Kohlenstaub und Kohlefelsen. Ich betrachte neugierig die lichte Öffnung und trete ein. Es ist heiß, und ich gerate ins Schwitzen und weiß, ich bin willkommen. Ein Taschentuch aus Papier löst sich in meinem Schweiß auf, und ich vergesse die Hitze und meinen Körpergeruch, der in meine Nase dringt, denn ich entdecke große gußeiserne Töpfe – geschmiedet, um eine jenseitige Flüssigkeit aus oranger, roter und gelber Farbe zu kochen.

Meine Schritte rinnen den erhitzten Gang weiter, und ich sehe Feuer. Über diesem ein gußeiserner Spieß, ein Mensch glänzt daran und wird immer wieder übergossen mit reinem und schwerem Goldöl.

25.9.1998

Insularer Kannibalismus

Verschlagen hatte es mich auf eine Insel – vielleicht pazifischer Art. Zumindest still war es hier allemal. Der Sand, das klare Meerwasser, der blaue Himmel, durchsetzt mit einigen weißen Wolken, und die Palmen, durch die der sanfte Wind raschelte. Eine Art Paradies, obwohl ich hier ganz allein war. Doch dies sollte nicht lange währen – wie es sich bald herausstellte.

Beim abendlichen Spaziergang, der mich am Strand einmal um die Insel führte – sie war nicht sehr groß –, und bei dem ich immer einen verzaubernden Sonnenuntergang genoß, wobei der Himmel freiheitlich mit Formen und Farben spielte, fand ich eingeprägt in des Sandes Naßstabilität und Unschuld eine Fußspur. Ich beließ es dabei, verzichtete auf einen Vergleich mit meinem Fuß und war überzeugt – erinnert durch die Geschichte über Robinson Crusoe –, daß es sich hier um einen Fußabdruck eines Menschenfressers handelte. Fortan bewegte ich mich mit äußerster Vorsicht auf meiner Insel, die nun auch tragend war für eine Bedrohung.

Wie ein schwebender Hai, dessen Gier und Freßgehabe und Bewegung gerichtet war auf einen zappelnden Menschen, der gebunden war zwischen zwei zugehauenen Steinen, deren Herr die Apathie war – inmitten eines riesigen Einsamkeitsraumes.

Ich verschlief und versuchte, die für mich als verloren erscheinende Zeit wieder einzuholen mit Streß und Hektik. Mit verstörtem Kopf durchirrte ich die Insel, meine Insel – ich wollte sie verteidigen, um jeden Preis – und fand am Strand neun dunkelhäutige Gestalten vor, die dabei waren, ein Feuer zu entzünden. An einem Pfahl in geringer Nähe war eine zehnte Gestalt gebunden.

Und in einem gußeisernen Topf schwamm eine rotgelborange Flüssigkeit – so wußte ich, denn ich roch sie.

Mönchengladbach,
26.9.1998

Frühlingslind

Frühlingslind war der Geruch, der mich erreichte. Er drang
in meine Nase ein, sandte Reize aus, die auf mein Bewußt-
seinszentrum trafen. Dort breitete er sich aus und zeugte eine
Emotionswelle, die sich wohlig über meinen ganzen Körper
ergoß. Ich stellte fest, daß der Ursprung des Duftes im tödlichen
Zusammenspiel von Tannennadeln und Feuer lag. Den noch
unsichtbaren Schwaden waren andersartige Geruchspartikel
beigemischt.

Ich setzte meine Augen und meine Nase zum Navigieren
ein. Nach einer Weile fand ich einen großen Garten, dessen
Maschendrahtzaun eine große Wiese, Angepflanztes und einen
Komposthaufen beherbergte. Ich beobachtete aus sicherer
Entfernung. Ein älterer Mann verbrannte alte Möbelteile, Holz-
kisten, verdorrte Blumen und einen Tannenbaum. Der Baum
wurde sorgsam mit einer Säge in einzelne Teile zerlegt. Wie eine
besorgte Mutter darauf achtet, daß ihr Kind immer einen gefüll-
ten Teller vor sich hat, so warf der Mann weitere Speise in das
Verzehrende. Rauch stieg auf, der willkürliche und faszinieren-
de Bahnen zog. Gedankenverloren schaute der ältere Mann in
die gleichmäßige Glut.

Ebenso gedankenverloren mußte ich auf andere gewirkt
haben. Nach einer Weile bemerkte ich, wie mein Blick zwischen
der Gartenszenerie und einem Traum schwankte. Leise schlich
er sich in mein Inneres ein. Nach einer weiteren Weile gab ich
meine Beobachtungsposition auf und wählte den Heimweg.
Während des Ganges bemächtigte sich eine wohltuende Er-
kenntnis meines Geistes. Es ist gut, Altes zu verbrennen.

Mönchengladbach
31.1.1997

Inge Roth-Merkle

Die Landwehr

*E*s war sieben Uhr morgens, aber noch stockdunkel und eiskalt. Harter Schnee knirschte unter ihren Füßen.

Die drei Männer gingen geduckt hintereinander. Der Erste hielt eine Öllampe, der Zweite umklammerte ein Bündel, der Dritte hatte eine Armeepistole in der Hand. Er schien ziemlich nervös zu sein, immer wieder schaute er sich um und wie es der Teufel wollte, stolperte er. »Pass auf, Hans, du verdirbst noch unsere Aktion!« zischte der Lampenträger. »Die Landwehrstraße ist in einem verdammt schlechten Zustand, überall Schlaglöcher«, maulte Hans. »Werd' mal nicht nervös, Hänschen!« höhnte der mit dem Bündel, »du hast doch auch bei der Landwehr gedient und müsstest die Straße eigentlich kennen.« »Rudi, du weißt doch genau, wie lang' das her ist«, schnauzte Hans. »Hört auf zu streiten«, befahl der Älteste, der die Lampe trug, »gerade jetzt müssen wir zusammenhalten. Unsere Kameraden zählen auf uns!«

Sie bogen nach rechts ab und schlichen vorsichtig über die Viehweide vom Schürmannshof. Vor ihnen lag jetzt ein schmaler Entwässerungsgraben. Schatten fielen auf sie herab. Zweige und Äste hingen düster über ihnen. Hinter dem Graben erhob sich ein steiler Hang. Dunkle Umrisse von Büschen und Bäumen waren zu erkennen.

»Passt auf, das Eis im Graben ist glatt«, warnte der Älteste. Rutschend und stolpernd kamen sie vorwärts, erreichten aber wider Erwarten schnell den Kamm, der von Büschen umsäumt war. In der Dunkelheit schimmerten die Schienenstränge der Lohbergbahn.

Rudi öffnete sein Bündel auf dem Boden. Allerlei Werkzeug kam zum Vorschein. »Wir müssen die Schienen durchtrennen und nach außen biegen, damit die Lok entgleist. Der Lokführer ist eingeweiht«, sagte er. Hans brummte zustimmend und die Beiden machten sich an die Arbeit. Der Älteste hielt die Öllampe, die einen schwachen Schein verbreitete.

Von weitem hörte man ein dumpfes Geräusch. »Haut rein,

Männer!« feuerte der Älteste sie an. Mit einem Hauruck wurden die Schienen auseinander gezogen. Es dröhnte und zischte, die Werksbahn näherte sich langsam, aber unaufhaltsam. Die Lok befand sich schon auf der Brücke, ihre Lichter durchbrachen die Dunkelheit. Schnell sammelten die Reservisten ihr Werkzeug ein, stolperten den Hang hinunter, überquerten die Viehweide. Am Rand der Landwehrstraße versteckten sie sich hinter dicken Baumstämmen.

Die Werksbahn zuckelte gemächlich heran, weiße Dampfwolken stiegen aus dem Schornstein. Auf einem der Kohlenwaggons saß ein französischer Soldat, die Füße auf einer Eisenleiter. Das Gewehr lag griffbereit rechts neben ihm auf einer Decke. In der linken Hand hielt er eine Lampe und beleuchtete ab und zu die Umgebung. Jetzt legte er sie zur Seite, holte eine Feldflasche hervor und trank hastig.

Plötzlich quietschten Bremsen, die Lokomotive kam kurz vor den zerstörten Schienen zum Stehen. Wie ein Blitz kletterte der Soldat mit seinem Gewehr vom Waggon, warf einen Blick auf die Schienen, schrie »Sabotage!« und schoss rechts und links in die Büsche. Vorsichtig stieg der Lokomotivführer aus seinem Führerhaus, sah den Schaden und grinste. Dann drehte er sich um und zuckte mit den Schultern.

»Hat diesmal nicht ganz geklappt«, sagte der Älteste, »aber der Ruhrkampf geht weiter!«

HUGO

*S*ie hatte sich neues Schreibpapier gekauft, zehn Bögen, hellblau, am Rand rosa Rosen.

Entschlossen legte sie den ersten Bogen zurecht, strich mit der Hand darüber, glättete nicht vorhandene Falten und schrieb: »Ich verlasse dich. Ich ziehe zu Hugo.«

Dann saß sie da.

Nach einiger Zeit nahm sie das Fernsehprogramm, durchblätterte es, dachte an etwas anderes, putzte ihre Brillengläser, legte den Füller in das Etui. Sie schaltete das Fernsehen ein. Für den Krimi war es jetzt zu spät.

Die Skatrunde dauerte bis neun Uhr dreißig, um zehn Uhr würde Rolf zurück sein. Sie wartete auf ihn. Die Werbung ging ihr auf die Nerven. Sie schaltete das Fernsehen aus.

Mitten auf dem Tisch lag der hellblaue Bogen mit den rosa Rosen am Rand.

Um zehn Uhr würde Rolf zu Hause sein. Es war jetzt halb zehn. Er würde die Mitteilung lesen, er erschräke, glaubte wohl nicht, dass sie ihn verlassen würde. Trotzdem würde er sie im ganzen Haus suchen und dabei die Kinder aufwecken. Er würde bei Hugo anrufen. Doch Hugo ließe sich nicht erreichen. Er würde grimmig dreinschauen, die Kinder ins Bett bringen, verzweifeln und sich irgendwann damit abfinden, wahrscheinlich. Er würde sich an die Nase fassen, die Stirne runzeln und die ersten drei Hemdknöpfe aufknöpfen.

Dann saß sie da und dachte nach, wem sie noch einen Brief schreiben könnte, nahm einen neuen Bogen, legte ihn auf den ersten, glättete ihn mit der Hand, holte den Füller aus dem Etui, schraubte eine neue schwarze Patrone ein, dachte an Hugo, dachte an Rolf.

Starrte auf den leeren Bogen.

Um zehn Uhr kam Rolf und fragte: »War der Krimi spannend?«

Er fasste sich an die Nase und begann die ersten drei Hemdknöpfe aufzuknöpfen.

Am Meer – ein Sonett

Große, dickbauchige Wolkenvögel flogen
hoch über Menschen, die sich sonnten,
am Meer ihre Sorgen vergessen konnten,
wie Dürstende feuchte Luft einsogen.

Kinder matschten, bauten Burgen im Sand.
Mütter ruhten, genossen die Stille.
Väter lasen, verscheuchten allzu schrille
Möwen. Verliebte lachten, küssten sich am Strand.

Dunkle Schatten, helles Licht wechselten sich ab.
Die ganze Welt war voller Frieden,
alle Menschen schienen sich zu lieben.

Doch Wolken ballten sich, Tropfen fielen herab.
Vom Horizont näherte sich rasch eine schwarze Wand.
Weiße Blitze zuckten, krümmten sich wie eine Totenhand.

Inge Roth-Merkle

Angst

Du lässt dich treiben,
doch in der Seele lauert die Angst,
sie bringt Leiden.

Du willst vergessen,
doch das Unglück lässt sich Zeit,
es ist vermessen.

Du scheinst nichts zu hören,
doch das Brausen des Windes wird lauter,
es wird dich bald stören.

Du glaubst nichts zu sehen,
doch durch die Wolken wabert das Licht,
du wirst dorthin gehen.

Du kannst sie nicht spüren,
doch aus der Tiefe steigt langsam die Kälte,
du wirst sie noch spüren.

Du möchtest nichts haben,
doch das Meer versprüht eisgraues Wasser,
willst du es trotzdem wagen?

Du lässt es geschehen,
doch schmerzt die Angst vor der Zerstörung,
wird sie vergehen?

Dietrich Schelhas

Waldi von Waldburg – Schatz-Entdecker und Abenteurer

Auszug aus dem unveröffentlichten Werk

Die Maharani möchte jetzt Familie Wald die Gästesuite in einem dem Palast ähnlichen Anbau zeigen und empfiehlt eine Erholungspause einzulegen. »Um 12.30 Uhr seid ihr herzlich zu einem Mittagsmahl eingeladen.«

Saddim Aschoka und seine Frau Indira Rajasthana verabschieden sich vorübergehend.

Für Waldi steht in der Gästesuite eine wunderschöne, zwei Meter große Keramikschale in Form einer geöffneten Muschel für die Übernachtung oder zum Ausruhen bereit. Sie hat einen angenehm kühlenden Effekt.

»Ob Waldi diesen Vorteil nutzen möchte, wird sich zeigen!«, meint Nadine.

»Vielleicht liegt er aber auch dir zu Füßen!«, bemerkt Alexander.

»Das könnte sein!«, antwortet Nadine mit einem Lachen.

Während die Familie Wald ein erfrischendes Bad im Gäste-Swimmingpool genießt, um sich anschließend auszuruhen, saust Waldi unter der Aufsicht eines Tierpflegers, welcher sonst für den Privatzoo des Maharadscha zuständig ist, durch die quadratkilometergroße Parkanlage. Einen Teil dieser Parkanlage kann auch die Familie Wald von ihren Gäste-Luxusräumlichkeiten aus einsehen. Sie befinden sich im ersten Stock eines Palastanbaues. Die Einrichtung ist so märchenhaft wie die ganze Palastanlage. Der Fußboden sowie alle Außen- und Innenwände sind mit weißem Marmor verkleidet. Jeder einzelne Wohnraum wie auch Saal ist mit speziellen Motiven aus Edelsteinmosaik dekoriert. Darstellungen tropischer Tiere, Jagdszenen, Theaterkunst, Kriegsszenen, Krönungsfeiern, Bäume, Blumen, die Geschichte Indiens und viele weitere Themen lassen sich hier finden.

Auch die Einrichtungsgegenstände, wie besondere Kristallleuchter, Teppiche, Schränke, Tische, Stühle, Vasen, ob moderner oder alter Stil, strahlen eine vollkommene Harmonie aus.

Aus dem Vorraum der Gäste-Suite zum Treppenhaus vernimmt die Familie Wald Gongtöne.

Nathalie öffnet die gläserne Eingangstüre. Ein etwa siebzigjähriger Mann mit silbernem Turban und eine junge Dame von etwa achtzehn Jahren stehen vor ihr.

»Verzeihen Sie, Frau Wald, wir stehen für die Betreuung Ihrer Familie zur Verfügung. Mein Name ist Bastariswani Kohinor. Diese junge Dame hier ist meine Tochter Minifee. Wir sind langjährige Mitarbeiter und Freunde des Maharadscha. Sie können sich auch in Deutsch mit uns unterhalten. Meine Tochter hat in Deutschland studiert, und was meine Wenigkeit betrifft, so war ich vor dreißig Jahren indischer Konsul in Deutschland.«

»Es ist mittlerweile 12.00 Uhr«, meldet sich die Tochter des Exkonsuls. »Wir sollten die Familie Wald in den Speisesaal begleiten.«

»Du hast recht, Minifee. Ich hoffe, wir haben Sie jetzt nicht in Ihrer Erholungspause gestört.«

»Aber nein, Herr Kohinor, wir sind schon alle bereit und können gehen.«

Mit einem »Piep, piep, piep« kündigt sich eben eine Faxmeldung an.

»Das ist vielleicht eine Mitteilung von Steinmeißels. Ich hatte eben per Fax mitgeteilt, dass wir in Indien gut angekommen sind«, klärt Nathalie auf und schaut gerade nach, ob sie mit ihrer Vermutung recht hat. »Ja – die Steinmeißels schreiben, es ist zu Hause alles in Ordnung! Jetzt können wir beruhigt zum Essen gehen.«

Das Treppenhaus in diesem Teil des Palastes ist mit Gestalten aus alten indischen Volks- und Heldensagen dekoriert. Die schwungvolle Treppe aus weißem Marmor, über die Familie Wald mit ihren Betreuern schreitet, hat auf beiden Seiten ein wundervolles Treppengeländer bestehend aus aneinandergereihten in Bronze gegossenen Tänzerinnen.

Nadine schaut zufällig durch eines der hohen Bogenfenster auf die Parkanlage und traut ihren Augen nicht.

»Seht ihr was ich sehe?« Alle schauen neugierig durch das Fenster. »Waldi spielt auf dem englischen Rasen mit einem Elefantenbaby, einem edlen Vertreter der Schweine, einem jungen Tiger und einem Schimpansen, so eine Art Jeder-gegen-jeden-Wettkampf um einen fünfzig Zentimeter großen Gummiball. Die Tiere versuchen den Ball mit dem Kopf oder den Vorderbeinen über den Rasen zu stoßen.«

»Achtung, da kommt der Affe!« Er hechtet sich mit beiden Armen auf den Ball, um ihn für sich zu gewinnen. Dies gelingt ihm nur für zwei Sekunden, dann stößt Waldi den Ball mit einem kräftigen Kopfstoß beiseite.

Der junge Elefant, das edle Schwein und der junge Tiger stürzen hinterher. Waldi wird schnell eingeholt und muss den Ball an den Elefanten abtreten.

In der Nähe dieser ungewöhnlichen Fußballmannschaft steht ein Zoologe des Maharadscha und filmt das lustige Ballspiel.

»Sieht so aus, dass Waldi neue Freunde gefunden hat«, bemerkt Nadine.

»Waldi wird auch bald wieder Sehnsucht nach seinen alten Freunden haben.«

»Er ist ein sehr kluger Collie!«, bemerkt Minifee Kohinor.

Es ist 12.30 Uhr. Im festlich geschmückten Speisesaal des Palastes haben alle pünktlich Platz genommen.

Die Familie des Maharadscha und einige seiner Freunde sind anwesend.

Der Maharadscha Saddim Aschoka erhebt sich zu einer Begrüßungsrede. Schlagartig werden alle Unterhaltungen eingestellt. Es ist mucksmäuschenstill geworden.

»Verehrte Familie Wald, verehrte Freunde! Es sind jetzt fast auf den Tag genau zwölf Jahre vergangen, als ich Hermann Wald zum ersten Mal in Indien am Fluss Brahmaputra, während einer Tigerjagd, begegnet bin. Er weckte in mir zunehmend das Interesse für die Archäologie.

Als du, mein lieber Hermann, am Flussufer einen alten goldenen Dolch mit dem Wappen meiner Ahnen ausgegraben hattest, vergaß ich die Tigerjagd und interessierte mich fast nur noch für die Vergangenheit und die Dinge, die unsere Vorfahren hinterlassen haben. Ich hatte Glück und fand in der Nähe des Brahmaputra eine sehr alte beschriftete Tontafel. Mit Hilfe meiner Gemahlin, die sich mit alten Schriften schon länger befasst, konnten wir herausfinden, dass am großen Fluss bei den Tigern eine Festung erbaut wurde, um Handelswege zu den östlichen Ländern zu sichern. Es stehen auch Namen von Personen dabei, die diese Aufgabe durchführten. Einige sind verwandt mit den Vorfahren eines Onkels von mir. Er ist erst vor kurzem verstorben und hat meiner Familie einen Palast samt Anlage bei Jaipur vererbt. Auf der Tontafel ist auch ein Symbol erkennbar, dass große Ähnlichkeit mit den Edelsteinkameegravuren auf einer Vase hat, die im Palast des verstorbenen Onkels steht. Das gibt mir Anlass, dort genauer nachzuforschen.

An dieser Stelle möchte ich die Familie Wald einladen, in zwei Tagen mit nach Jaipur zu fliegen. Für dich als Archäologen wird dies hoffentlich eine Bereicherung sein. Ebenso für deine Frau Nathalie, der Mineralogin. Mein Onkel war ein begeisterter Edelsteinsammler. Viele Edelsteine hat er selbst ausgegraben und auch geschliffen. Einige hat er auf Auktionen oder direkt bei den Edelsteinminen erworben. Dies und noch viel mehr können wir beim Durchstöbern dieses Palastes bei Jaipur – genauer »Sanganer« – finden. Kann ich auch meine jungen Gäste Nadine und Alexander für diese Art Abenteuer begeistern?«

»Aber ja!«

»Das kann spannend werden, Herr Aschoka.«

»Da ich euch zu meinen Freunden zähle, nennt mich bitte Saddim. Damit es euch aber mit Sicherheit nicht langweilig wird, schlage ich vor, auch die Stadt Jaipur zu besichtigen. Ich würde euch gerne führen. Dort ist auch ein Produktions- und Handelszentrum für Edelsteine.

Jetzt aber genug der Worte. Lasst uns auf unsere Gäste anstoßen. Auf einen angenehmen Aufenthalt in Indien!«

Eine große Auswahl an Speisen und Getränken steht für die Gäste bereit. Fräulein Cornelia Butterfly, eine Freundin der Maharadscha-Familie, empfiehlt ihren Tischnachbarn eine bestimmte Zusammenstellung und Reihenfolge der vielfältigen indischen Speisen und Gewürze.

»Ich empfinde diesen Reis hier wesentlich schmackhafter, als die Reissorten, die in Europa angeboten werden«, bemerkt Nathalie zu Hermann.

»Da ist etwas dran, Nathalie.«

Hermann empfiehlt seiner Familie, die scharfen indischen Gewürze mit Joghurt-Beilagen, wie Dahi oder Raita, abzumildern. Am Ende der Mahlzeit gibt es Süßigkeiten und Jira (indischen Kümmel) und Anis. Zur Förderung der Verdauung ist alles »langsam« zu zerkauen.

Hermann und Nathalie unterhielten sich mit Saddim Aschoka und seiner Frau Indira Rajasthana.

Saddim fragt Hermann und Nathalie, wann sie das letzte Mal Golf gespielt hätten.

»Tja, das letzte Mal mit dir, Saddim«, antwortet Hermann.

»Und mein erstes und vorerst letztes Golfspiel fand vor etwa zwanzig Jahren statt. Damals spielte ich eine Runde mit Freundinnen. Anlass war unser bestandenes Abitur«, gibt Nathalie zur Antwort.

»Gibt es hier einen Golfplatz?«, fragt Nathalie.

Saddim lächelt und antwortet: »Etwa zwei Kilometer von hier, hinter meinem Palastgarten. Man kann dort sehr interessante Persönlichkeiten antreffen. Vor einigen Tagen spielte hier sogar der Sultan von Brunei vom Sultanat in Nordost-Borneo.«

»Erlaube mir, Saddim, wenn ich die Familie Wald an dieser Stelle etwas aufkläre«, meldet sich der Ex-Konsul Bastariswani Kohinor, ein alter Freund und Berater des Maharadscha, zu Wort. Er sitzt mit seiner Tochter Minifee ebenfalls an der Speisetafel. »Es ist eigentlich die Schwester von Saddims Frau, die den Sultan hier in unsere Gegend zieht. Die beiden haben sich vor einem Jahr auf einer Wohltätigkeitsveranstaltung kennen gelernt.«

Saddim grinst über das ganze Gesicht und setzt das Gespräch fort.

»Ja, ich denke, meine Schwägerin gefällt dem Sultan. Immer wenn er zu Geschäften nach Indien kommt, besucht er sie und unseren Golfplatz. Meine Wenigkeit profitiert auch von seiner Anwesenheit. Er unterstützt mein Bestreben, moderne Trinkwassersammelbecken in den regenarmen Gebieten Indiens zu bauen.«

Begeistert meldet sich Alexander zu Wort: »Da gibt es eine neue technische Faser mit einer speziell entwickelten Beschichtung. Man nennt sie »Trevira hochfest«. Dieses Material wurde von der Hoechst AG in Deutschland entwickelt und man kann damit unbeschränkt große Stauseebecken oder Vulkankrater auslegen. Dadurch vermeidet man Wasserverlust. Das Wasser kann nicht mehr in den Untergrund versickern.«

Verblüfft schauen alle auf Alexander.

»Mein junger Freund ist gut informiert!«, bemerkt Saddim mit einem Lachen.

»Morgen Vormittag können wir noch mehr über die Trinkwasserversorgungsmöglichkeiten erfahren. Das heißt, wenn ihr so früh aufstehen wollt!«

»Es kann nicht schaden, mehr darüber zu erfahren«, antwortet Nathalie. »Wir kommen gerne mit!«

»Gut, dann fliegen wir um 9.20 Uhr. Und jetzt möchte ich gerne meinen Gästen eine Neuentdeckung in unserer alten Parkanlage vorstellen.«

Die ganze Tafelrunde erhebt sich und begibt sich in die Parkanlage.

»Waldi kann ich im Moment noch nicht sehen«, stellt Alexander fest.

»Euren Waldi habe ich eben gehört!«, informiert Minifee Kohinor die Tochter des Ex-Konsuls. »Er befindet sich in angenehmster Gesellschaft! Schaut einmal durch diese Palmenallee.«

Alexander und Nadine schauen auf einen etwa hundert Meter entfernten Pavillon. Darunter befindet sich ein großzügig angelegter Swimmingpool.

»Da ist Waldi! Umringt von jungen Damen. Ist das nun der Harem des Maharadscha?«, fragt Alexander etwas zögernd Fräulein Minifee.

»Aber nein! Es ist nicht das, was Sie denken, Alexander«, antwortet Fräulein Minifee mit einem Kichern. »Saddims Familie ist monogam orientiert. Hier handelt es sich überwiegend um die Töchter aus der Verwandtschaft von Saddim und seiner Frau Indira Rajasthana sowie deren Freundinnen. Die Damen präsentieren in ihrer Freizeit alte indische und moderne Tänze mit kunstvoll bestickten Kostümen.«

»Kunstvolle Kostüme?«, wiederholt Alexander. »Je näher wir zu diesen netten Mädchen kommen, um so deutlicher sehe ich auch, dass sie gar nichts anhaben!?«

»Dann schauen Sie nicht so genau hin, Alexander! Das soll bekanntlich blind machen!«, neckt Fräulein Minifee und nimmt eine Hand von Alexander.

Sie empfiehlt der ganzen Tafelrunde, in einen anderen Teil der großen Parkanlage auszuweichen, um die Mädchen, von denen Waldi jetzt beneidenswert viele Streicheleinheiten erhält, nicht zu erschrecken.

Saddim Aschoka hat dies mit Schmunzeln zu Kenntnis genommen. Er war eben noch in einem Gespräch mit seinen Freunden vertieft.

Saddim meint: »Heute Abend um 20.00 Uhr, während unserem gemeinsamen indischen Festessen, wäre eine günstige

Gelegenheit, den Video-Film von Familie Wald anzusehen. Bin wirklich gespannt darauf. Wenn wir noch fünfhundert Meter in westlicher Richtung weiterspazieren, gibt es ein uraltes Ruinenfeld zu besichtigen. Einige größere Gebäudereste dort stammen von einem Tempel. Die Natur hat sich dieses Gelände zurückerobert. Zwischen den Mauerresten wächst jetzt eine Vielfalt tropischer Pflanzen.«

Nach einigen Minuten erreichen alle dieses Gelände. Hermann erkennt einige Grabungsstellen, die auf archäologische Ausgrabungen schließen lassen.

Aus einem Kellerschacht steigt soeben ein großer Inder heraus.

»Hallo, Professor Debrisfield«, ruft Hermann.

»Ihr kennt euch?«, fragt Saddim überrascht.

»So ist es!«, antwortet Professor Ajurweda Debrisfield (Trümmerfeld). »Ich habe zwar nicht das beste Namensgedächtnis, aber den Namen Wald konnte ich dennoch behalten. Seit Jahren suche ich zwischen diesen Ruinen nach Schriften und Belegstücken.«

»Die beiden Herren werden sich bestimmt eine Menge zu

erzählen haben«, meint Saddim und lädt Professor Ajurweda Debrisfield für heute Abend zum Essen ein.

Plötzlich steht inmitten der Herrschaften ein hechelnder Vierbeiner.

»Dies ist Waldi, unser fünftes Familienmitglied!«, erklärt Hermann und fügt lächelnd hinzu: »Waldi sorgt dafür, dass den Archäologen die Arbeit nicht ausgeht.«

»So, wie kann ich das verstehen?«

»Waldi spürt interessante Dinge auf!«

»Interessante Dinge?«

»Heute Abend können Sie mehr darüber erfahren, verehrter Kollege!«

Professor Ajurweda Debrisfield bittet Hermann und alle Anwesenden, seine neueste Entdeckung anzusehen. Der Professor geht voraus. Nach etwa hundert Meter stehen alle vor dem Eingang zu einer Grabkammer.

»Mit Hilfe meiner fünfundzwanzig Assistenten ist es gelungen, den Zugang dieser etwa 2100 Jahre alten Grabkammer freizulegen. Wir sind gerade dabei herauszufinden, wer hier bestattet wurde.«

Professor Ajurweda Debrisfield aktiviert einen Stromgenerator.

»Über alte Treppengewölbe gelangen wir direkt in die dreißig Meter tiefe Grabkammer zu einem Sarkophag. Bitte folgen Sie mir!«

»Ein angenehmes Klima hier unten«, meint Nadine.

In der Grabkammer angelangt, bemerkt Saddim hinter dem Sarkophag einen Spalt im Steinplattenboden. Mit einer Taschenlampe tritt er näher an diese Stelle heran. Bevor er aber mehr Einzelheiten erkennen kann, gibt der Steinplattenboden unter ihm nach. Mit einer geschickten Drehung kann er sich am oberen Rand des Sarkophag festhalten und seinen hoheitlichen Körper vor einem Sturz in eine unbekannte Tiefe bewahren. Entsetzt schauen alle Anwesenden auf Saddim. Professor Ajurweda Debrisfield hilft Saddim geistesgegenwärtig, wieder auf festen Boden zu gelangen.

»Verzeihen Sie mir, Saddim Aschoka. Vor einigen Stunden war hier noch keine Erdspalte zu erkennen.«

»Schon gut, Professor!«

»Hoheit, ich benötige Ihre Erlaubnis, wenn der Sarkophag für wissenschaftliche Untersuchungen geöffnet werden soll.«

»Die haben Sie, Professor Debrisfield«, antwortet Saddim dem Professor beruhigend und klopft ihm auf die Schulter.

In diesem Moment drängelt sich Waldi bis zur Einsturzstelle vor. Saddim und seine Freunde beleuchten die dunkle Spalte und erkennen in etwa vier Meter Tiefe Gesteinsgeröll und Tonerdeklumpen. Zum Schrecken aller Anwesenden springt Waldi in den Untergrund und verschwindet hinter zwei dicken Felsblöcken.

»Von Waldi ist im Moment nichts zu sehen!«, stellt Alexander fest. »Aber ein beharrliches Scharren ist zu hören.«

»Hallo Waldi! Lass dich bitte wieder sehen!«, ruft Nadine.

»Wuff, Rrrr!«

»Jetzt hat er wohl was gefunden?«, fragt Fräulein Butterfly.

»Waldi taucht wieder auf! Er trägt einen großen Knochen in den Fängen!«

»Hier liegt eine Strickleiter! Damit können wir Waldi wieder heraufholen.«

Professor Ajurweda Debrisfield befestigt die Strickleiter mit einem Seil am Sarkophag. Alexander steigt zu Waldi hinunter und kann sich den etwa siebzig Zentimeter langen Knochen genauer ansehen.

»Dieser Knochen ist weder von einem Menschen noch von einem Tier aus unserer Zeit«, informiert Alexander alle Anwesenden, die von oben durch die Einsturzöffnung schauen.

»Gib acht, Alexander! Von der Decke kann wieder etwas einstürzen!«, warnt Hermann.

»Ich sehe den Kieferteil eines Urtieres!« meldet sich Alexander.

»Sehr interessant!«, meint Professor Ajurweda Debrisfield.

»Wahrscheinlich hat man diese Tempel- und Palastanlagen auf eiszeitliche Geröllmassen gebaut. Einige Gebäudeteile wurden im Laufe der Zeit von Wasseradern unterspült und es kam zu Aushöhlungen, wie dieser hier.«

»Es scheint ein vollständiger Tierschädel zu sein!« Alexander zieht den Schädel mit aller Kraft bis zur Strickleiter. Inzwischen hat Waldi auch einen Fuß dieses unbekannten Urtieres ausgegraben.

Professor Ajurweda Debrisfield empfiehlt allen Anwesenden, die Grabkammer aus Sicherheitsgründen zu verlassen.

»Ich informiere meine Assistenten. Vielleicht können wir

heute Nachmittag eine Notabstützung aus Holz unter die Grabkammer bauen.«

Alexander hebt die Strickleiter so hoch und so schräg wie möglich. So kann Waldi leicht wieder nach oben springen. Hermann lässt ein Seil herunter. Alexander umschlingt damit den schweren Urtierschädel. Saddim, Hermann und der Professor ziehen ihn mit vereinten Kräften nach oben.

»Das ist ja ein Prachtstück!«, bemerkt Nadine und nimmt ihn mit der Taschenlampe näher in Augenschein. Alexander ist jetzt auch wieder nach oben geklettert.

»Wir verlassen die Grabkammer«, informiert Saddim: »Bitte die Damen zuerst!«

Saddim lächelt und streichelt Waldi das Nackenfell. Er lobt den Professor und Alexander für die geleistete Arbeit.

»Den Sarkophag lasse ich so schnell wie möglich absichern und Tag und Nacht bewachen!«, informiert Saddim.

»Das ist gut so!«, meint Professor Ajurweda Debrisfield. »Ich benötige zum Öffnen des Sarkophag noch etwas Zeit. Vorher wäre eine Röntgenoskopie sicher sinnvoll.«

»Ich lasse Ihnen hier volle Handlungsfreiheit, Professor!«

»Vielen Dank, Saddim Aschoka!«

Saddim erinnert an das Festmahl heute Abend um 20.00 Uhr.

»Ich ziehe mich mit meiner Frau bis dahin zurück!«, informiert Saddim.

Oben in der Parkanlage verabschieden sich alle vorübergehend.

Waldi genießt bereits ein Bad in einem Gartenpool. Anschließend läuft er mit Familie Wald zur Palast-Suite und macht es sich in der großen Keramikmuschel im Vorraum der Gäste-Suite bequem.

Nach etwa zwei Stunden bereitet sich die Familie Wald für das Abendfestmahl vor. Sie ziehen ihre besten Kleidungsstücke an.

Hermann packt die Schmuckschatulle aus seinem Reisekoffer und stellt sie auf einen Tisch aus roter und grüner Jade. Er entnimmt den antiken indischen Herrenring mit dem zwanzig Millimeter großen, als Siegelintaglie gravierten Diamanten und steckt ihn auf den Mittelfinger.

Die Damen und Alexander schmücken sich ebenfalls mit Juwelen aus dem Türkei-Urlaubsschatz.

Ein Gong ertönt!

Hermann steckt eine Videokassette und die alte, aus fünfundzwanzig Metallplatten bestehende Weltkarte in einen Diplomatenkoffer.

Im Empfangsraum ihrer Suite warten bereits die Betreuer der Familie Wald, Ex-Konsul Bastariswani Kohinor und seine Tochter Minifee.

»Haben Sie etwas ausruhen können? Fühlen Sie sich alle bei guter Gesundheit?«

»Danke, Herr Kohinor. Soweit ich das als Mutter und Ehefrau beurteilen kann, fühlen wir uns hier sehr wohl«, gibt Nathalie zur Antwort. »Wir sind dann soweit.«

»Gut, dann gehen wir gemeinsam zum Festsaal. Meine Tochter Minifee leitet das Abendprogramm. Selbstverständlich habe ich für die Familie Wald eine angemessene Vortragszeit eingeplant. Ach ja, noch etwas – der Maharadscha hat für heute Abend einige Archäologen und Paläontologen aus Delhi und Umgebung eingeladen. Die geladenen Gäste dürften sich mittlerweile im Palast aufhalten.«

Waldi ist bei bester Laune. Er springt einige Meter voraus und wieder zurück. Dies ist ein Zeichen, dass er sich sehr wohlfühlt.

Fräulein Minifee und ihr Vater stellen Familie Wald die anwesenden Gäste vor. Einige Gäste sind Wissenschaftler auf verschiedenen Forschungsgebieten und zum Teil Verwandte der Maharadscha-Familie.

Die Festhalle im Palast ist für heute Abend mit Blumen und Schleifenbändern geschmückt.

Es ertönt ein leiser Gong.

Jetzt erscheinen auch Saddim Aschoka und seine Frau Indira Rajasthana mit Sohn Kimon und den Töchtern Jldiko und Jlione. Sie schreiten durch einen prachtvollen, mit Steinskulpturen verzierten Privateingang in die Festhalle und begrüßen ihre Gäste.

Fräulein Minifee bittet alle Herrschaften an der Festtafel Platz zu nehmen. Die Sitzplätze sind für jeden Gast mit einem Namensschild gekennzeichnet. Familie Wald hat die Ehre, neben der Maharadscha-Familie sitzen zu dürfen. Einige Meter neben dieser Festtafel befindet sich eine steinerne Empore. Auf dieser stehen zwei riesige Ziervasen aus einem jadeähnlichen Nephrit.

Zwischen den Ziervasen hat man für Waldi ein ebenso riesiges schwarzes Lederkissen geschoben. Mit einer Soja-Salami gelingt es einem Saaldiener, dass Waldi auf dem schwarzen Kissen Platz nimmt. Sein helles Fell hebt sich auf dem dunklen Kissen sehr schön ab. Von dort oben kann er die ganze Festhalle überschauen.

Fräulein Minifee hat ein Festprogramm geschrieben, dass sie jetzt den Gästen vorliest.

»Zum Auftakt spielt uns eine begabte junge Dame ein selbstkomponiertes Musikstück auf einer großen Harfe vor. Zwischen den Darbietungen werden die vielfältigen Speisegänge serviert. Nach den ersten Speisegängen gibt es eine Überraschung! Während der nächsten Speisegänge folgen Tanzdarbietungen . Anschließend gibt es wieder eine Überraschung. Später können Sie besondere Nachspeisen genießen. Wieder mit Überraschungseffekt.«

Dabei zwinkerte Fräulein Minifee Kohinor Saddim mit einem Auge zu. Dieser zwinkerte mit einem Lächeln zurück.

Zwei Palastdiener tragen eine große Harfe und einen Drehstuhl bis in die Saalmitte. Eine schwarzhaarige junge Dame in einem langen roten Kleid erscheint in der Saalmitte. Sie setzt sich auf den Drehstuhl neben der Harfe und beginnt zu spielen. Mit großer Aufmerksamkeit genießen alle die wunderbaren Klänge.

Nach etwa zehn Minuten endet vorläufig diese musikalische Unterhaltung. Man klatscht begeistert Beifall. Fräulein Minifee gibt jetzt den Namen der jungen Dame bekannt. Es handelt sich um eine Adoptivtochter von Saddim und seiner Frau. Sie war längere Zeit auf einer Musikhochschule in Frankreich und ist erst heute wieder nach Indien zurückgekehrt.

Saddim und seine Frau umarmen ihre Adoptivtochter und bitten sie, an der Festtafel neben ihnen Platz zu nehmen.

Saddim erhebt sein Weinglas und wünscht seinen Gästen einen guten Appetit.

Während sich alle ihren Gaumenfreuden hingeben und die Gäste mit ihren Sitznachbarn ein Gesprächsthema gefunden haben, schaut Nadine unauffällig nach Waldi. Zufrieden liegt dieser auf dem dicken schwarzen Kissen und lauscht in den Festsaal hinein.

Plötzlich richtet sich Waldi auf und wedelt mit dem Schwanz.

Seine Aufmerksamkeit konzentriert sich ganz auf die Saalmitte. Dort stehen jetzt zwölf junge Tänzerinnen, die Waldi bereits am Swimmingpool kennen lernte. Es sind die Töchter und deren Freundinnen aus dem Verwandtenkreis des Maharadscha. Die Damen sind bunt bemalt und zeigen einen temperamentvollen Tanz mit Begleitmusik, den sie nach eigener Kreativität einstudiert haben.

Am Ende dieser Vorführung gibt es wieder großen Beifall und Zugabe-Rufe. Fräulein Minifee verspricht, dass die Tanzgruppe später wieder auftritt und kündigt jetzt eine Überraschung an.

Zwei Diener öffnen das Hauptportal der Festhalle. Alle schauen gebannt zum Eingang. Saddim erklärte gerade Hermann, dass auch er nicht wisse, um welche Überraschung es sich handelt.

Ein sonderbares Ungeheuer mit einem dicken Schädel wird auf einem Fahrgestell in die Festhalle gerollt. Alexander kommen einige Bestandteile dieses knöchernen Ungeheuers bekannt vor.

Professor Ajurweda Debrisfield erhebt sich von der Festtafel und begibt sich zur Saalmitte.

»Verehrte Damen und Herren, liebe Kollegen! Was Sie hier sehen, ist ein Urtier aus der Eiszeit! Es handelt sich um ein ausgestorbenes Riesenwombat in der Größe eines Ochsen und lebte hier vor der letzten Eiszeit! Von dieser Beuteltierart leben heute noch zwei Arten etwa in Bibergröße in Australien. Ein so gut erhaltenes fossiles Exemplar in dieser Größe war bisher noch nie gefunden worden. Ausgerechnet unter dem Grabmal eines bisher unbekannten Königs hatte es seine letzte Ruhestätte. Und dass es so schnell zur Bergung dieses Fossils gekommen ist, verdanke ich Saddim Aschoka und seinen Freunden. Es gibt da noch einen Collie mit einem besonderen Sinn für verborgenen Dinge. Ich glaube, Waldi heißt er.«

Waldi hat seinen Namen gehört. Er springt von der Empore herunter und läuft zu Professor Ajurweda Debrisfield. Der Professor gibt einem Saaldiener einen Wink und vom Eingang marschieren fünf seiner Assistenten zur Saalmitte.

»Diesen Männern verdanke ich die schnelle und vollständige Bergung des Riesenwombat. Vielen Dank meine Herren!«

Alle klatschen Beifall.

Professor Ajurweda Debrisfield bittet Saddim Aschoka um einen Vorschlag, wo dieses Fossil demnächst einen festen Standort bekommen könnte.

Saddim Aschoka meint: »Das fossile Wombat ist zwar auf meinen Grund und Boden gefunden worden, aber ein so großartiger Fund gehört dem ganzen Volk. Lieber Professor, Sie und Ihr Team haben eine hervorragende Arbeit geleistet.«

Constanze Schön

Geburt

Tiefe Stille herrscht im Saal,
plötzlich Schreie
und Gebrüll
der Bub ist da, ein Traum wird wahr

Das neue Leben

Die Unruhe wird immer größer
Heißt es Abschied auf Ewigkeit?
Plötzlich will ich gehen,
es geht nicht mehr,
der Zug, er rollt
ins unbekannte Land

Liebe

Welch ein fremdes neues Leben
Ich erkenne mich nicht mehr
Ich halte dich ganz fest bei mir
Dieses zarte Zauberfädchen soll nie zerreißen in meim Leben

Glück

Du musst warten können und berühren
Du musst lächeln können und vertrauen
Du musst fassen können und verschnaufen
Du musst lieben können
Und mich immer fester spüren

Der Traum

Die Sonne lacht
Der Tag erwacht
Mein Herz es schlägt
Es ist zu spät
Im Schatten sah ich ein
leuchtendes Herz
Ich will es fassen, da sagt es leise:
»Du musst vergessen, es war nur ein Traum«

Berührung

Die Tiefe einer Welle
die sich ruhig von mir
zu dir in deine Hände schmiegt,
spüre ich fast täglich wie ein sanftes Streicheln
auf allen Ebenen

Träume

Blaues Meer
wie lieb hab ich dich
du sprühst neue Power
und gibt's mir die Kraft
fürs neue Strahlen im Herzen
ohne Schmerzen

Hass

Du musst verschwinden,
denn die Lösung liegt woanders …

Akupunktur

25 Nadeln dringen in dich ein
Es klopft und strahlt
von Kopf bis Fuß
Die Ruhe kommt
Die Furcht verschwindet
Der Kampf gegen die Angst beginnt.
Die Nadeln fallen
Peinlichkeit verfliegt
Ein neues Wohlbefinden und Glück
strahlt in alle Richtungen
Die Gefühlswirren lösen sich auf
Klug dosierte Leidenschaft kehrt zurück
Es ist wie im Traum

Der Lauf

Morgendliche Frische öffnet mir das Herz
Ich renne und renne
Die Vögel zwitschern
Die Enten paddeln
Ich schwebe durch die Lüfte
Meine Gedanken sind voller Ruhe und Besinnlichkeit
So den Morgen zu beginnen ist das wahre Glück auf Erden

Natur

Ich hab dich so lieb
Die Wildgänse schweben über mir
Ich spür einen Hauch von Kälte
Es fröstelt mich
Ich renne ins Haus
Höre das Knistern im Kamin
Neue Lebensgeister werden wach
Ein Wunder ist geschehn

Am Meer

Frühling ist's
Es rauscht das Meer
Vöglein singen fröhlich ihre Lieder
Ich träume in der stillen Hütte
Zu meinen Büchern kehr ich nun zurück
Fernab von all dem Lärm der Welt

Reisen

Endlich in die Ferne schweben
Viele Träume hier und dort erleben
Fernab von all dem Stress der Welt
Genieß ich hier das freie Leben

Fusion

Die vielen Ängste
Überall der Hass
Ich wills nicht fassen,
kanns nicht glauben.
Will Offenheit und Harmonie,
Vertraun und Sympathie
Es ist so schwer,
man glaubt es kaum.

Meditation

Das Rauschen der Bäche
Das Zwitschern der Vögel
Das Lachen der Sonne
Ruhe finden und genießen
Einfach frei sein
Von all dem Lärm und Stress der Welt.

Veränderung

Ich will nicht mehr
In dieser Enge hausen
Ich will hinaus
ins freie Land
Ich will entspannen und verschnaufen
Ich will neues
hier und dort entdecken
Ich will jetzt raus

Liebesrausch

Liebster
komm zu mir
öffne deine Augen
du musst vertrauen
sieh die Sonne lacht
der Tag erwacht
das Herz es strahlt
es ist vollbracht
die Liebe kommt
nie ist's zu spät
drum bleib jetzt hier
und halt mich fest
in diesem warmen Nest

Urlaub

Blaues Meer
Sanftes Rauschen
Ruhe und Besinnlichkeit
Möwen zwitschern
leise ihre Lieder
Ich schau hinaus
und seh die Wellen leuchten,
spür das wahre Glück auf Erden

Freundschaft

Früher hab ich oft daran geglaubt
war da, wenn du mich brauchtest
kam hin zu dir, wenn du mich riefst
gab dir mein letztes Geld - ich tat es gern
Doch dann war plötzlich alles anders
Ich war dir nicht mehr fein genug
gelacht hast du, wenn du mich sahst
mein sächsisch war dir plötzlich peinlich
und mir war klar, für dich war alles nur ein Spiel

Mut

Offen sein und Handeln
Die Zeit ist kurz und viel zu kostbar
für Ärger, Streit und Meckerei
Sei tolerant und halte die Balance
Genieß dein eigenes Leben

Angelika Schranz

Im alten Park

Ein Ort der Schönheit und des Friedens
liegt am Rande einer Stadt.
Die Freundschaft meines Lebens
macht mich unendlich stark.
Mächtige Bäume ragen zum Himmel
Vogelzwitschern beflügelt meine Sinne.
Unter Schatten spendenden Bäumen
verweile ich oft in langen Träumen.
Ein Bächlein schlängelt sich durch die Wiesen
um zu einem kleinen Wasserfall zu fließen.
Geborgen fühlt sich Mensch und Tier
an diesem schönen Orte hier.
Ein Juwel, der erstrahlt zu jeder Jahreszeit
und für jeden offen ist auf ewige Zeit.

Mut

Die Sehnsucht brennt in meinem Herz
verursacht in mir einen tiefen Schmerz.
Die Angst, sie lähmet meine Sinne
vergessen ist der gute Wille.
Die Schatten kann ich nicht bezwingen
sie könnten mir die Ruhe bringen.
Zu viele Stunden sind entschwunden
um dir zu zeigen meine Lieb.
Es bleibt mir nur zu hoffen
dass es dafür noch nicht zu spät.

Freundschaft

In den Bäumen wiegt sich leise der Wind,
wie meine Gedanken, die immer bei dir sind.
Jeder Tag ohne dich ist trostlos und trist.
Auf unserer Bank in dem kleinen Tal,
verbringe ich viel Zeit wie dazumal.
Ob Tag oder Nacht, ob nah oder fern,
die Liebe zu dir bleibt immer bestehn.
Sie ist ein so tiefes inniges Gefühl
und ein Band für die Ewigkeit,
die uns den Weg durch unser Leben zeigt.

Herbstlaub

Langsam wiegen sich die Blätter im Wind.
Es dauert nicht mehr lange und sie fallen geschwind.
Hier und da ein gelbes schon,
noch ist es Zeit, aber der Winter wartet schon.
Jeder Baum hat sein eigenes Blätterkleid.
Die Kastanie ist zuerst bereit, es abzustreifen.
Doch auch bei Buche, Linde, Eiche
müssen bald die Blätter weichen.
Ein letztes Mal strahlen die Bäume in ihrem bunten Kleid.
Es ist ein Abschied auf unbestimmte Zeit.

Frühling

Ein kleiner Bach fließt durch das Tal.
Es riecht nach Blumen überall.
Jeder Baum und jeder Strauch blüht jetzt wieder sichtlich
auf.
Fast jeden Tag gehe ich diesen Weg,
die Schönheit dieser Zeit zu erleben,
um alles in mir aufzunehmen.
Sanft streichelt der Wind meine Haut.
Die Sonne wärmt meine Sinne.
Viel zu lange habe ich dieses Gefühl vermisst.

Regenwetter

Regen fällt nun schon seit Tagen.
Nur schwer kann man es ertragen.
Trotz der vielen bunten Farben,
können die Blätter der Bäume nicht richtig erstrahlen.
Die Blumen des Sommers lassen ihre Köpfe hängen.
Liebe Sonne, ich will dich ja nicht drängen.
Nur etwas Wärme und glänzendes Licht,
bring etwas auch davon in mein trauriges Gesicht.
Es muss ja regnen, nur nicht so lang.
Lass trocknen meine Tränen irgendwann.

Angst

Angst beherrscht mein Leben
schon eine viel zu lange Zeit.
Zu oft muss ich ihr unterliegen
ein Hoffnungsstrahl, er ist so weit.
Die Kraft, die sie mir raubt,
bestimmt mein ganzes Leben.
Ich sehne mich doch nur
nach etwas Ruh und Frieden.
Sehr oft bin ich so müde
verbittert und gereizt,
und doch hat sie ein gänzlich
neues Leben mir gezeigt.
Nichts ist mehr selbstverständlich,
jeder Tag ein Neubeginn.
Es hat auch gute Seiten,
dass ich so ängstlich bin.
So schmerzlich auch der Weg noch sei,
vertrau auf dich und bleib dir treu.

Ein Erlebnis ganz besonderer Art

Brieffreundin

Vor nunmehr dreißig Jahren haben wir uns im Jugoslawienurlaub kennen gelernt. Rosalija war mit den Kindern und ich mit meinen Eltern am Meer. Am Ende unseres Urlaubes tauschten wir unsere Adressen und versprachen uns zu schreiben, was wir zwar nicht regelmäßig, aber so zwei, drei Mal im Jahr taten. Über die ganzen Jahre hinweg ist eine innige Brieffreundschaft entstanden. Ich habe oft mit dem Gedanken gespielt, Rosalija zu besuchen, aber durch meine Angsterkrankung, die sich über viele Jahre hinzog, war ich kaum in der Lage, meinen Alltag zu bewältigen, geschweige denn eine so lange Reise zu unternehmen. Bis wir dann vor zwei Jahren unsere erste Reise mit dem Wohnwagen nach Venedig machten.

Von dort aus sind es nur ungefähr hundert Kilometer mit dem Auto bis Rosalija. Es gab nur ein Problem – ich hatte die Adresse von Rosalija nicht im Kopf und auch nicht aufgeschrieben. Ich habe mich ganz schön geärgert.

Doch im vorigen Jahr hat es endlich geklappt. Ich habe Rosalija geschrieben, dass wir wieder in Italien sind und sie besuchen werden. Sie war ganz schön aus dem Häuschen.

An einem Sonntag machten wir uns auf die Fahrt von Italien nach Slowenien. Nachdem wir uns ein paar Mal verfahren hatten, standen wir gegen Mittag vor ihrem

Häuschen. Mir schlug das Herz bis zum Hals. Würde sie so aussehen, wie ich sie mir immer vorgestellt hatte? Ich muss gestehen, dass ich es nach so vielen Jahren nicht mehr wusste. Doch dann stand sie vor mir und ganz anders, als ich erwartet hatte.

Ich hatte sie als eine große, stämmige Frau in Erinnerung, sie aber war klein und schmal.

Nach einer langen Umarmung bat sie mich und meine Familie in ihr kleines Häuschen, dass sie mit ihrem Mann bewohnte. Es gab keine Heizung, die Küche war wie zu Großmutters Zeiten und die Zimmer so klein, dass man sich kaum drehen konnte.

Ich wusste ja aus ihren vielen Briefen, dass sie nicht viel besitzt, trotzdem hat sie sich nie darüber beklagt. Sie ist immer für ihre Familie da, betreut von früh bis spät ihre vier Enkelkinder und hat noch einen alten, kranken Vater zu versorgen. Für sie selbst bleibt nur wenig Zeit. Sie war seit damals nie wieder im Urlaub, was für uns kaum vorstellbar ist. Trotz ihrer vielen Krankheiten hat sie den Mut nie verloren.

Sie hat auf die Schnelle ihre Kinder und Enkelkinder zusammengetrommelt, dass wir sie alle einmal kennen lernen. Wir haben viel gelacht und uns gefreut, dass wir uns endlich einmal wieder gesehen haben.

Viel zu schnell sind die Stunden vergangen. Am späten Nachmittag mussten wir schweren Herzens voneinander Abschied nehmen. Mit Tränen in den Augen und dem Versprechen, bei einem nochmaligen Urlaub in der Gegend für einen längeren Besuch, zog sie mich zur Seite und steckte mir einen kleinen goldenen Ring an den Finger.

Ich war zutiefst gerührt. Er ist ein Symbol unserer ewigen Verbundenheit. Ich nehme ihn niemals vom Finger, denn ich weiß, dass er aus ganzem Herzen gekommen ist. Immer wenn ich ihn mir ansehe, denke ich an unser Wiedersehen nach so vielen Jahren unserer Brieffreundschaft.

Der Mann am See

Schon oft habe ich an diesem See gesessen oder lange Spaziergänge in der Umgebung gemacht. Er liegt etwas abgelegen der viel befahrenen Hauptstraße, inmitten blühender Wiesen und großer alter Bäume. Er ist ein absoluter Geheimtipp und nicht so überlaufen wie manch andere Seen. Es war reiner Zufall, der mich gerade in diese Gegend geführt hatte. Wenn mir mal wieder die Decke auf den Kopf fällt, setze ich mich in mein Auto und fahre ziellos durch die Landschaft. So habe ich diesen stillen Ort entdeckt. Hier komme ich her, um aufzutanken, neue Kraft zu schöpfen oder einfach nur die Stille zu genießen.

So auch an diesem schönen Julitag. Ich packte ein paar Sachen zusammen, ein Buch, das ich gerade las und nicht aufhören konnte, ein paar belegte Brote und eine gute Flasche Wein. Ich hatte ungefähr eine Stunde zu fahren. Der Verkehr war nicht so schlimm, deshalb schaffte ich die Fahrt ohne Zwischenfälle. Ich suchte mir ein schönes Plätzchen auf der Wiese inmitten blühender Blumen, am Ufer des Sees. In einiger Entfernung saß auf einer Bank ein älteres Ehepaar, das ich schon öfter hier gesehen hatte. Beide grüßten und winkten mir zu, um schon bald wieder in ihr Gespräch vertieft zu sein.

Ich packte erst einmal meine Sachen aus, legte alles auf meine Decke und entschloss mich zu einem kleinen Spaziergang in der Umgebung. Eine tiefe Ruhe lag über dem See, nur ein Kuckuck rief aus dem nahen Wald und ein paar Grillen zirpten. Hier fühlte ich mich einfach gut.

Ein schmaler Weg führte mich durch die Wiese mit den vielen blühenden Blumen, bis hin zu einer sehr alten Linde. Von weitem hörte ich das Lachen einiger Kinder, die am anderen Ende des Sees badeten. Heute waren nur wenige Spaziergänger unterwegs. Man geht aneinander vorbei, grüßt freundlich, um dann seinen Weg fortzusetzen.

Als sich mein Magen unaufhörlich bemerkbar machte, kehrte ich auf dem kürzesten Weg zu meiner Decke zurück. Erst einmal musste ich richtig essen und trinken, um den Rest des Tages zu genießen. Jetzt gegen Mittag war es ganz schön heiß geworden. Ich suchte mir ein schattiges Plätzchen unter einem der alten Bäume, mit Blick über den ganzen See, breitete meine Decke aus, aß und trank und ließ es mir einfach gut gehen. Ich fühlte mich zufrieden, aber auch etwas müde nach dem Essen. Ich beschloss, mich etwas auszuruhen. Die warme Luft, das gute Essen und die Stimmen der Natur ließen mich sehr bald einschlafen. Ich fiel in einen tiefen, ruhigen Schlaf.

Doch was war das? Plötzlich tauchte ein Mann aus dem See auf und streckte mir seine Hand entgegen. Er forderte mich auf, mit ihm in den See zu steigen. Zuerst weigerte ich mich, ich hatte Angst, vor ihm und dem See. Doch dann folgte ich ihm langsam, um mich ganz einfach treiben zu lassen. Das dunkle Grün des Sees ließ mich die große Tiefe spüren. Die warme Luft und die Kühle des Wassers umspielten sanft meinen Körper. Sonnenstrahlen, die das Wasser berührten, tanzten lustig um uns herum.

Langsam ließ meine Angst nach. Ich weiß nicht mehr, wie lange wir so geschwommen sind. Irgendwann erreichten wir das andere Ufer. Ich hatte das Gefühl, den See verlassen zu müssen. Aber warum wusste ich eigentlich nicht.

Ich stieg also aus dem See und lief eine kleine Böschung hinauf. Oben angelangt drehte ich mich um und rief dem Fremden zu, er möge auch heraus kommen, aber ich sah ihn nicht. Er war wie vom Erdboden verschluckt. Ich rief nach ihm, suchte das Ufer ab, er aber blieb verschwunden.

Genau in diesem Moment wachte ich auf. Ungläubig schaute ich über den See. Sollte ich alles nur geträumt haben? Nur langsam fand ich in die Realität zurück. Es war wirklich nur ein Traum. Ich hatte einem Mann vertraut, den ich noch nie zuvor gesehen hatte, bin ihm in den See gefolgt, der mir leichte Angst bereitete, und habe mich einfach treiben lassen.

Waren es meine geheimen Wünsche, die diesen Traum hervorgerufen hatten? Einem völlig Fremden sein Leben anzuvertrauen, ihm zu folgen, auch wenn es Angst bereitet? Dieser Traum hat einen tiefen Eindruck in mir hinterlassen. Er hat mich dazu gebracht, über mich und mein bisheriges Leben nachzudenken.

Noch lange schaute ich über den See und konnte den Traum einfach nicht vergessen. War mein Leben denn wirklich so eingefahren? Dieser Tag am See wird noch lange in meiner Erinnerung bleiben.

Nachdenklich packte ich meine Sachen zusammen, um mich auf den Nachhauseweg zu machen. Noch Tage später musste ich an das Erlebnis am See denken. Aber der Alltag hatte mich schnell wieder. Manchmal können wir ihm entfliehen, dem Alltag, sei es auch nur im Traum. So mancher Traum verblasst, doch im Herzen können wir unsere Träume bewahren.

Monika Schroeder

Wir schreiben das Jahr 2000. Es ist März und ich bin noch im Tierheim an der Hemmstraße. Meine alten Besitzer haben mich einfach vor die Tür gesetzt. Ich habe noch keinen Namen. Ich ahne nicht, welches Glück ich haben soll.

Nun kommen meine neuen Besitzer. Meine Vorgängerin, Mausi, ist gerade eingeschläfert worden. Sie schauen mich an und schon ist's geschehen. Die Frau sagt zu mir, ich sei so goldig. Ich bekomme den Namen Paulinchen und zeige mich von meiner besten Seite.

Erst in meinem neuen Zuhause änderte ich mich gewaltig. Ich bringe einigen Wirbel hier ins Haus, mache nur Dummheiten. Bringe Papiere durcheinander, zerreiße Briefe, die mein Frauchen auf den Tisch legt. Ich freue mich wie ein Kind, ich habe es wirklich gut getroffen und kann machen, was ich will.

Wenn Oma und Opa nicht da sind, laufe ich gern treppauf und treppab. Gerne knabbere ich auch Blumen an, aber das bekommt mir nicht gut.

Mein neues Zuhause ist sehr gut. Ich bekomme jeden Tag etwas anderes zu futtern, mal dies, mal das. Aber auf meine Portion Butter von Herrchen oder Frauchen kann ich nicht verzichten.

Das ist vielleicht ein Leben in meinem neuen Zuhause … es ist verdammt super hier. Aber nun bin ich müde und möchte eine Runde schlafen …

Tschüß, Paulinchen!

Hallo, hier ist euer Paulinchen!

Seit einer Woche ist es sehr warm hier oben in der Wohnung. Ich bin total müde, weiß nicht, in welcher Ecke ich mich verkriechen kann. Also lege ich mich bei meinem Frauchen aufs Bett, dort ist es kühl.

Gestern bin ich ganz allein im Garten herumgelaufen. Mein Frauchen war dabei. Nach einer kurzen Zeit hat sie mich auf den Arm genommen. Irgendwie war ich ganz traurig, daß der Ausflug schon so schnell zu Ende war. Mein Frauchen sagte, bevor ich noch einmal ausreiße, geht sie lieber mit mir nach oben.

Wenn ich weglaufe, dann schimpft mein Dosenöffner mit mir. Er hängt sehr an mir und wäre sehr traurig, wenn das der Fall wäre. Au backe, das würde schlimmen Ärger geben. Dann hätte mein Frauchen nichts mehr zu lachen.

Jetzt gehe ich zu meinem Frauchen auf den Schoß. Heute weint sie. Wenn ich doch mit ihr reden könnte, sähe es vielleicht etwas anders aus. Aber ich verstehe sie auch so.

Nun mache ich es mir auf dem PC gemütlich. Sie schimpft heute nicht einmal. Sie krault mein Fell und wird ganz ruhig.

Ich schaue sie an, als wenn ich sagen wollte: Frauchen, nun weine doch nicht mehr, ich bin doch bei dir.

Jetzt bin ich zufrieden, mit mir und der Welt. Ich habe ein schönes Zuhause, das wünsche ich jeder Katze.

Tschüß, Paulinchen!

Hallo, hier ist euer Paulinchen!

Gerne würde ich mal mit lebenden Mäusen spielen, aber leider gibt es die nicht in meiner Wohnung. Ich passe gut auf, wenn die Tür nach unten aufgeht, dann nehme ich immer zwei Stufen statt einer.

Ich gehe gerne zur Oma, denn sie hat im Flur eine Vase mit Kornähren stehen, und die rascheln so gut. Dann gehe ich in die Küche, und gleich unter der Eckbank, da kann Frauchen mich nicht kriegen. Wenn sie auch kommt, das stört mich überhaupt nicht.

Nun schaue ich aus der Küchentür, ob sich im Garten etwas bewegt. Wenn ja, dann werde ich immer nervös. Jetzt springe ich die Kellertreppe herunter, ob sich wohl die Tür öffnet? Heute nicht …

Ich laufe so gern Treppen.

Paulinchen, ruft mein Frauchen, aber ich reagiere überhaupt nicht. Dann fängt sie oben in der Wohnung an, meine Leckerlis zu schütteln. Manchmal reagiere ich, manchmal auch nicht. Nun kommt mein Frauchen mit der Schachtel, aber ich reagiere immer noch nicht.

Und plötzlich überlege ich es mir anders und bin eher oben als mein Frauchen. Dann bekomme ich auch meine Belohung für's Kommen.

Tschüß, Paulinchen!

Hallo, hier ist euer Paulinchen!

*H*eute ist mir was passiert! Mein Dosenöffner wollte Duschen, und was mache ich? Dumm, wie ich bin, gehe ich hinterher, um zu sehen, was er wohl macht.

Uups, was ist das? Die Duschkabine beschlägt, es riecht nach Duschgel. Der Geruch ist nichts für mich. Mein Dosenöffner sieht mich und macht die Duschkabine auf. Ich gehe mit einem Pfötchen hinein, werde naß und freue mich darüber. Das Wasser hat nicht einmal weh getan. Ich fand es sogar angenehm.

Aber ich laufe wieder hinaus aus dem Badezimmer, weil es mir da zu warm ist.

Ihr müßt wissen, Katzen sind nun mal wasserscheu. Mein Dosenöffner fragt: Na, Paulinchen, war es dir zu naß?

Tschüß, euer Paulinchen!

Hallo, hier ist euer Paulinchen!

*I*ch habe vielleicht was erlebt, das müßt ihr unbedingt wissen.

Wie es so ist, sitze ich unten bei der Oma und schaue aus der Küche. Ich beobachte die Vögel im Garten, und plötzlich kommt der Nachbarskater, Sokrates, vorbei. Ich bin natürlich größer wie er. Nun bekomme ich einen dicken Schwanz, wie das bei Katzen so üblich ist.

Ich möchte so gerne raus, aber mein Frauchen läßt mich nicht. Was will der Kater denn hier, das ist mein Zuhause?!

Wir giften uns an, er bekommt auch einen dicken Schwanz und läuft einfach weg, dieser Feigling. Er hat vielleicht Angst, sich mit mir anzulegen. Ich könnte ja vielleicht stärker sein als er.

Nun gehe ich nach oben, ob ich ihn noch aus dem Fenster sehen kann. Nein, er ist schon wieder weg.

Ich kenne ihn ja. Er schleicht öfter bei uns rum und fängt Mäuse. Mäuse … wie sehen die denn aus, ich kenne keine, ich bin eine reine Hauskatze.

Tschüß, euer Paulinchen!

Hallo, hier ist euer Paulinchen!

*I*ch habe in der Zwischenzeit den Spitznamen ›Zirkuskatze‹. Wollt ihr wissen, warum? Mein Frauchen sag immer zu mir, ich sei verrückt, denn ich habe den Schalk im Nacken.

Heute war ein Dosenöffner einkaufen. Mein Frauchen packt

die Einkaufskiste aus. Die Kiste ist halb leer, und schon bin ich drin. In der Kiste sind immer leckere Sachen für mich dabei. Mein Dosenöffner bringt mir immer etwas Leckeres mit.

Ich fühle mich einfach wohl in der halbvollen Kiste. Mein Frauchen gibt mir dann sofort mein Futter. Ich bekomme eine neue Sorte von ›Felix‹, echt super, das schmeckt mir verdammt gut.

Frauchen, ich will mehr haben, und dann miaue ich so lange, bis sie nachgibt. Sie kann mir nicht wiederstehen. Ich bekomme noch etwas, dann sagt sie, es reicht für's erste.

Verdammt, warum bist du so hart zu mir …

Tschüß, Paulinchen!

Hallo, hier ist euer Paulinchen!

*M*ein Frauen ist ganz schön sauer auf mich, was soll ich euch sagen, naja, miauen, sie hat irgendwo ja recht.

Ich springe an die Tapete, und das darf ich nicht. Sieht ja auch nicht schön aus, wenn sie nicht mehr heil sind, die Tapeten, oder?

Also, was macht mein Frauchen? Sie bringt an der Wand einen Teppich an. Es stinkt zwar nach dem Kleber, aber das ist eine richtig tolle Idee.

Als der Geruch fort ist, probiere ich es gleich mal aus. Ich springe an die Wand und hänge da wie ein Eichhörnchen, kopfüber nach unten. Oder schräg und quer, und keiner schimpft mehr, im Gegenteil, ich darf es jetzt sogar.

Also, was mache ich? Renne erst ins Badezimmer, in die Stube und ins Schlafzimmer, und dann springe ich an die Wand. Ich bin richtig aus dem Häuschen vor Freude, das macht Spaß.

Immer habe ich verrückte Sachen im Kopf, daher heiße ich auch ›Zirkuskatze‹, das ist mein Spitzname.

Tschüß, euer Paulinchen!

Michaela Schuster

Groteske Welt

Eben das Wasser bis zum Hals
Kein Land in Sicht, nur Sorgen
Gleich ein Held in güldnem Schein
Voll wonniger Gelassenheit
In Freude auf das Morgen

Trotz kämpfen, strampeln, Tapferkeit
Das Glück ist eine Diva
Nur Laune für gewisse Zeit
Termine ist sie gründlich leid
Wenn du sie brauchst, meist nie da

Der Preis für hohen Anspruch ist
Erhöhtes Weh und Leiden
Zu Weisheit, Ideal und Biß
Da braucht man Hoch, benötigt Tief
Darf Schwieriges nicht meiden

Nicht selten schürt sich der Verdacht
Dass schlichter sein recht glücklich macht
Obgleich, wenn man nicht viel versteht
Oft gar nicht merkt, was vor sich geht

So denkt und tut man, was vertraut
Und langweilt sich ein wenig
Vermeintlich sicher auf das baut
Was stets so war, was jeder kennt
Und fühlt sich wie ein König

Entwicklung ist meist schwer erlangt
Auch wünscht sie nicht ein jeder
Nur jener, der zu leben weiß
Wer intensiv nach Sternen greift
Der zappelt nicht am Köder

Sonntag

Weizenfelder, Wiesen, Auen
Blau, so weit das Auge reicht
Laues Lüftchen ohne Gleichen
Sanft durch meine Seele streicht

Ganz von Ferne Kinderlachen
Vogelzwitschern, Glockenklang
Dringt verhalten, elfgetragen
Zärtlich an das Ohr heran

Über Hecken tänzeln Bienen
Kecker Frühlingsdialog
Blumendüfte, Glockenklingen
Ziehen mich in ihren Sog

Glockenklingen? Glockenschlagen!
Glockendröhnen, Glockentanz!
Das kann kein Idyll vertragen
Weggefegt der ganze Glanz

Dunkle Wolken plötzlich ziehen
Regentropfen kalt und klamm
Mückenschwärme und Frau Schulze
Ihres Zeichens Hauswartsmann

Gebt mir doch den Frieden wieder
So glücklich war ich lang nicht mehr
Doch verstummt sind all die Stimmen
Auenland liegt öd und leer

Langsam regen sich die Glieder
Die ich noch nicht bewegen kann
Oh, graue Welt, du hast mich wieder
Die Tür geht auf, Frau Schulz' setzt an

Ja, die Kartons werd' ich zerreißen
Von heute an für alle Zeit
Würd' sie sich gleich in Luft auflösen
Zu allem wäre ich bereit

Die Tür fällt zu – mit einem Jauchzer
Zurück ins warme Kissenweich
In Erwartung meiner Rückkehr
Hüpf' ich ins Wunderland sogleich

Helle, weiche Sonnenstrahlen
Dort! Ein Prinz am Wegesrand
Anmutig, mit breiten Schultern
Reicht er mir huldvoll seine Hand

Und wir reiten über Länder
Geradezu ins Königreich
Zu unsren Füßen leises Plätschern
Von einem Flüsschen perlengleich

Auf dem Wasser treibt Frau Schulze
Samt Mopp und Kittel im Karton
Tut mir leid, mit alten Drachen
Kennen Träume kein Pardon!

Die Kündigung für meine Wohnung
Werf' ich geschickt in ihren Bug
Denn wer bei einem Prinzen wohnt
Dem sind zwei Zimmer nicht genug.

Ein neuer Tag

Ein neuer Tag
Wie immer müde
Steife Glieder
Jedoch im Leben voll und ganz
Heute ein Tag von Mut und Glanz?
Nein – nur eine Hoffnung
Denke an Seen, Täler, alte Liebe
Profanes, Tägliches, kleine Fehler
Komm, versüße meinen Tag!
Damit ich nicht einkaufen muss
Unerträglich die Dummheit und Angst um mich herum
Wo finde ich Inspiration, meine Muße, die Kraft?
Tanzen und singen
Das Riechen deiner männlichen Haut
Gutes, schnelles Erkennen
Schlafen, träumen, entwickeln
Nach Schlichtheit trachten
Die Stunden erleben
Stein um Stein Erfüllung erreichen
Streichle mich, mach' mich wach
Ergötze meine Lust
Ich atme dein Glück so wie meines
Tröste mich
Ich nehm' dich in den Arm
Was kommt morgen
Ich bin gespannt
Ich wünsche mir noch einen Tag

Das ewige (Liebes-) Lied

Plötzlich kommt er aus dem Nichts
Er ist einfach da
Und auf einmal weiß man nicht
Wie's vorher gewesen war

Wie konnte man nur lachen, weinen
Überhaupt leben, fragt man sich
Nun, jetzt hat man ihn, den einen
Früher war einfach fürchterlich!

Jetzt wird alles besser werden
Das Glück auf ihrer Seite nun
Gibt Frau sich selber auf zu Ehren
Dem Einen – sowie seinem Tun

Lieben, streicheln, Opferlamm
Zärtlichkeit und Werben
Nichts, was zwischen uns sein kann
Nie darf diese Liebe sterben

Nur langsam schleicht der Alltag sich
In beider Herzen ein
Aus der Sehnsucht wird Gewohnheit
Und trotz zwei sein – einsam sein

Kleinigkeiten und Lappalien
Sind der Liebe größter Feind
Streit, Missachtung, Repressalien
Stell'n des Hasses besten Freund

Toleranz und auch Vertrauen
Geben Liebe feste Mauern
Schnell vergisst man(n) das – auch Frau
Was dann folgt ist, Selbstbedauern

Das Ende pirscht sich leise an,
So dass man es kaum hört
Und schließlich folgt der große Knall
Der das Glück zerstört

Nun sitzt man da – wieder allein
Ach, sind die andren zu beneiden
Mensch, so sei doch nicht so klein
Kannst du dich selbst denn gar nicht leiden?

Im Grunde müssen wir nur lernen
Uns zu lieben, uns zu leben
Dann kommt sie schnell
Die neue Chance

… Ich sollte von was andrem reden

Norbert Stimm

Reigenspiel der Laute oder didaktischer Vokalismus

a) Kannibale, sitzt im Saale
     ganz in Schaale, meisterhaft ...

e) Federlesen, längst gewesen.
     Ohne Besen keine Spesen, stümperhaft ...

i) Wiegt der Flieder auf und nieder,
     komm' bald wieder, maienhaft ...

o) Rote Rosen, feine Saucen,
     immer wieder neue Posen, voll mit Kraft ...

u) Muse, Bluse, ganz diffuse
     gleiten meine Finger über Schnee.
     Zum Genusse, mit dem Kusse, bist Du meine Fee.

Die Rasenschlange

Liegt in der Sonne mit Wonne,
Rasselt, vermasselt
Ein Rendez-vous.

Spannungsgeladen wie ein Faden
Züngelt, verringelt,
Wo bist Du?

Sieht eine Tonne,
Schimpft auf die Kolonne.

Hält plötzlich inne.
Verschluckt eine Spinne.
Nun haste Ruh'.

Damit die Liebe nicht erkaltet

Sich zunächst entselbsten,
um sich wieder zu gewinnen
mit allem, was gut tut,
im Willen zur Veränderung.

Zu jeder Zeit im Raum ausforschen
Gegenstände und Personen
ohne zu werten und ohne sich festzufahren.

Liebe in menschlicher Wärme auflodern lassen
im verschwenderischen Geben seines Ichs
– besonnen, bewusst –
mit voller Lust auf Lebensgewinn.

Vor allem Liebe, Geduld und Humor
als Grundcharaktereigenschaften
mitsichtragen, üben, korrigieren und
schöpferisch reifen lassen,
immer wieder
und erst recht mit den Jahren.

»Zögern«

in der Entscheidung einen Schritt nach vorn zu wagen,
um eine notwendige Änderung zu bewirken.
Die Zeit verzögert sich im Denken wie ein Gummiband,
das zäh fragend keine Antwort mehr weiß im Ichgewirr.
Nicht einmal die Geliebte wird cremig,
die es ja wissen müsste,
wie es um einen steht und um die vereiterte Psyche.
Und ob sie zu heilen und mit was.
Zeitenschwund eines halben Jahrhunderts wird sichtbar.

Immer wieder

Im zweiten Monat des Jahres
immer noch keine Winterspuren
eingeschlafen die reife Männersicht
in der dritten Variante der Erlebnistiefe

Im Auf-der-Stelle-Treten
malocht das Spinnenweibchen
feinadrige Seelennetze
gebiert geschlossene Frühlingsknospen

Im zwölften Jahr danach
sprudeln Hoffnungsträger
das Heilwasser zweitausend und drei
in ein neues Paradies

Im Du – Ich der Enkel
tüpfeln Beziehungen sich selbst
um die Sünden von vorgestern
nicht einschlafen zu lassen

Als neue Götter werden
Konto, Haus und Auto genannt.

Die unendliche Frühlingsgeschichte

Winterlich wild
abgesägte Obstbaumäste
soeben noch
im wohlwollenden April
mit Wundpaste verklebt

Frühling und die Zeit der Wölfe
Waldkauz und Rotkäppchenidylle
in märchenhaften Bildern
unter Mahonisträuchern

Sonnenstrahlen kämpfen sich
durch den schlüpfrig kalten Wind
ermüden im roten Valpolicella
die Ähren aber
sind noch lange nicht reif

Das wilde Tier im Mann
findet seine Hochkultur zunächst im Wein
auch Frauen werden schläfrig
und da sind die Ängste
vor zusammengewachsenen Augenbrauen
die Meteorologen
sagen Frühlingsgewitter voraus

Unter einem Baum

meditieren
um den Zwang der Zeit zu vergessen
um zu sich selber zu kommen
im Schweigen und Hören

sammeln

den Segen der Früchte und Beeren
mit Insekten und Vögeln
in Zwiesprache das Leben erleben lassen

zerfließen

in erotischen Tagträumen
durch wimperhafte Streicheleinheiten
im verzweigten Wind
einen verborgenen Winkel finden

suchen

eine Höhle im Niemandsland
verdrossen am nichtentworfenen Alltag
den das andere Ich
nur beiläufig konsumiert
und einer Begegnung fernbleibt.

Nachtgedanken

Töne verstummen im federleichten Leib der Träume
ausgereift im Schmerz der Schwermut
Überwunden im Neubeginn

leib- und zeitlose Wünsche ohne Bedürfnisse
einfach zufrieden mit sich
mit dem anderen Du

ausgeklingt der Wille
der den anderen will
im endlosen Ich-erwarte-von-Dir, dass …
froh in dankbarer Schuld dem Eros

Jahre der Zukunft sind unbeschriftet
Diese Nacht kann noch vieles ändern
Nur nicht mein Ich

Ziel sei nicht die Überforderung
Sondern das behutsame Suchen
Der eigenen Unverwechselbarkeit

Wenn das Leben verflochten ist

und die Beziehungen nur noch miteinander flirten
ist oft Stillstand
geduldeter, gewollter, angesagt
und der Tod des Fortschritts wird sichtbar.

Wenn der Sommer schlaftrunken geworden
und voller Bangnis zu atmen innehält,
dann ist die Chance zum Neubeginn in Sicht,
obwohl das Licht geizig wird.
Doch der Weg zum Innern verspricht
aquamarinblaue Wunder,
offene Türen, die gewollt
durchschritten werden wollen
um zur Vollendung des persönlichen Schicksals
heranzureifen.

Einsame Zufriedenheit einer
nur halb erfüllten Sehnsucht?

Wie viele werden mir noch
In das Buch des Lebens schreiben?

Septembersehnsucht

Mondige Blässe
am Pfahl der mitternächtlichen TV-Illusionen
nur zur Selbstbeobachtung
und nicht zum Vorbild brauchbar
bescheint ausgelöffelte Träume
und eilt mit tiefer Neigung
zur Asylantin SEHNSUCHT: –
Schau, du Entfernte,
du bist nun einmal
nur eine Göttin aus Elfenbein und Modenschein
und ich alles Andere
als ein Übermensch.

Bist du stark, um schwach zu sein? –
Dann lebe die Liebe als sensibles Wesen,
das vor egoistischen Forderungen davonfliegt
und der Abhängigkeit den Kampf ansagt,
das eigene erstrebenswerte Leben
im freien Raum auslotet. –
Deine Liebe räsoniert nicht,
Gott sei Dank, und ich lehne
jede Art Zwang entschieden ab
Um noch mehr mit dir träumen
Und hoffen zu können.

Paul van Anske

Meine Kindheit

Als ich geboren wurde, lachte die Sonne, und der Schornstein-
feger war gerade auf unserem Dach. Schon als ich nach dem
Säubern auf den nackten Oberkörper meiner Mutter gelegt
wurde, versuchte ich sie mit Mami anzusprechen. Wenigstens
erzählte sie mir, dass ich meinen Mund so verzog, als ob ich
Mami sagen wollte.

Nach sieben Monaten war ich bereits trocken und deutete
durch klare Gesten an, dass ich aufs Klo musste. Perfekt sprechen konnte ich bereits ein Jahr später, sodass ich am begehrte-
sten Berliner Kindergarten für Hochbegabte aufgenommen
werden konnte. Dort war etwas entscheidend anders, als in
gewöhnlichen pädagogischen Einrichtungen für Kinder im
Vorschulalter, es arbeiteten ausschließlich Pädagoginnen mit
Grundschullehrerinnen zusammen, welche für die Arbeit mit
den Kindern und deren Früherziehung fürstlich entlohnt wurden. Nachdem ich drei Jahre alt geworden war, wurde ich für
reif genug befunden, eingeschult zu werden. Daher besuchte
ich als erster und einziger Dreijähriger die erste Klasse der
Grundschule. Mein Vater, lehrender Professor an der Universität Berlin, und meine Mutter, praktizierende Ärztin, waren
besonders stolz auf ihr einziges Kind. Sie gaben mir von Anbe-
ginn an ausreichende Förderungen, damit ich mich meinen
Fähigkeiten entsprechend entwickeln konnte.

Ich war begeistert von meiner Mutter und ihrer Arbeit, mein
einziger Wunsch, an dem ich fleißig arbeitete, war es, einmal
ein so toller Arzt zu werden, wie es meine Mutter in meinen
kindlichen Augen war.

»Wer stört hier den Unterricht?«, wetterte Frau Renelt, unsere Erstklasslehrerin. Natürlich war ich es, der seine Klassenkameraden triezte, nachdem ich in kürzester Zeit meine Schul-
arbeiten erledigt hatte. Natürlich hatte ich simultan zu meiner
Muttersprache Englisch, Französisch und Latein gelernt; neben
dem Sprechen der Sprache lernte ich auch das Schreiben derselben von meinen Eltern, bevor ich in den Kindergarten kam. Mit
meinem enormen Wissensvorsprung langweilten mich die
aktuellen Unterrichtsthemen, ich vollendete meine Aufgaben
in einem Bruchteil der dafür vorgesehenen Zeit und wusste die
arbeitsfreien Minuten durch meine Streiche gut zu nutzen.

Frau Renelt sprach mit meinen Eltern über mein Fehlver-
halten und bot ihnen sukzessive an, dass ich ohne weiteren

Grundschulbesuch gleich auf das Gymnasium in die erste Klasse wechseln sollte.

Dadurch kam es, dass ich, der erste Vierjährige, inzwischen hatte ich Geburtstag gehabt, das Gymnasium besuchte und dort sogar der Klassenprimus wurde.

»Komm, Uwe, spiel in der Freistunde doch mit deinen Klassenkameraden«, bot mir Herr Opoff unser Klassen- und Fachlehrer für Mathematik an. »Was soll ich bitteschön mit denen spielen, Herr Opoff?«, fragte ich bedrückt nach. Da ich niemals Kinderspiele gemacht hatte und sie sehr langweilig aussahen, konnte ich nicht mit den anderen spielen. Meine Eltern hatten versucht mit mir Dame und Skat zu spielen, jedoch schlug ich sie lieber in Schach und Backgammon. Schon bald verlor ich das Interesse an den trivialen Spielereien und machte nur noch Wort- und Zahlenrätsel. War ich tagsüber alleine zu Hause, wollte ich nicht mit dem Kindermädchen spielen, lieber las ich Bücher oder kombinierte einige mir noch unbekannte Satzbausteine zusammen.

Nach dem Ende der ersten Gymnasialklasse zierten nur Einser mein Zeugnis. Außer in Sport, konnte ich jeden Mitschüler deplacieren; wegen meiner körperlichen Entwicklung konnte ich in diesem sekundären Fach keine Normleistungen erbringen. Ein waagerechter Strich kommentierte die Meinung meiner Lehrer im oberen Bewertungsteil. Anstatt der Bemerkung über das Verhalten des Schülers und seine Leistungen im Unterricht, wurden meine Leistungen durch die von mir erreichten Zensuren aussagekräftig genug bezeichnet.

Alle waren sich einig darüber, dass die zweite Klasse für mich überflüssig sei, so kam ich mit meinen fünf Jahren in die dritte Klasse, während alle übrigen Gleichaltrigen im Kindergarten waren. Meine Mitschüler waren zwischen zwölf und dreizehn Jahre alt, was aber keinerlei Probleme hinsichtlich der sozialen Gemeinschaft der Klasse bescherte. Ohne Ausnahme waren meine Kameraden stolz, ein Kindergartenkind in ihrer Mitte zu haben. Nach der ersten Hälfte dieses Schuljahres gab ich meinen Freunden Nachhilfe bei den Fremdsprachen und in Mathematik. Mehr Nachhilfe konnte ich wegen meiner eigenen Karriere und der damit verbundenen Lernerei nicht geben.

Die fünfte Klasse war mein nächster Aufenthaltsort in dem Schulkomplex. Ich lernte jeweils das erste Semester den aktuellen Schulstoff im Voraus und den Jahresstoff vom letzten Jahr nach, damit ich mich im zweiten Semester nebenbei auf meine private Lernerei konzentrieren konnte.

Nach zwei weiteren Schuljahren, absolvierte ich mein Abitur mit summa cum laude und war damit der erste neunjährige Abiturient der Geschichte. Es war dabei gleichgültig, welche Noten ich erreicht hatte, obwohl es nur die besten waren.

Die Schulzeit

Da ich mit meinen neun Jahren nicht studieren konnte, weil mich die medizinische Universität altersbedingt ablehnte, ging ich weiter auf mein altes Gymnasium.

Meine Eltern rieten mir zwar vom zweiten Gymnasiumbesuch ab, doch ich wollte lernen; meine Gier nach Input wütete kriminell in mir. Konnte ich nicht lesen, nichts kombinieren oder erlernen, wurde die Leere in meinem Kopf so luzid, dass ich laut schreien wollte. Durch meine körperliche Unterlegenheit im Umfeld der Schule, musste ich Pazifist sein, deshalb hatte ich noch nie etwas kaputtgemacht oder mich geprügelt.

Die erste Klasse im technischen Zweig der Schule war für mich wieder einfach, aber ungewohnt, denn hier war ich nur zwei Jahre jünger als meine Kameraden. Auf meinem Gymnasium teilten sich die Schüler in der dritten Klasse auf, je nachdem für welches Studium oder Berufsgebiet sie sich nach der schulischen Ausbildung entscheiden wollten. Da ich bereits auf dem mathematisch-sprachlichen Zweig mein Abitur hatte, besuchte ich dieses Mal die technisch-soziale Fachbildung. Nun lernte ich nur noch den momentan behandelten Schulstoff, danach las ich mich während meiner Freistunden in medizinische Lehrbücher ein, die mir meine Mutter besorgt hatte. Meine medizinischen Kenntnisse wuchsen schnell, denn meine Mutter konnte mir aufklärend weiterhelfen, wenn ich etwas nicht begriff.

Die Weltpresse war versammelt, als ich 17-jährig mein zweites Abitur mit den Bestnoten überreicht bekam.

Unser Briefkasten füllte sich mit Stipendiumsangeboten aus aller Welt. Jede westliche Universität wollte mich aufnehmen und unterrichten, viele davon waren sogar bereit, mich first class unterzubringen und mir monatlich ein hohes Taschengeld mit Chauffeur etc. zu bezahlen. Doch ich wollte nichts anderes, als in Berlin Medizin zu studieren.

Nun geschah etwas, was bisher noch nie passiert war. Meine Eltern baten mich, erst einmal etwas anderes als Medizin zu erlernen und ein anderes Land mit seiner eigenen Kultur persönlich kennen zu lernen. Da ich überrannt wurde und zugleich auch neugierig war, nahm ich den Vorschlag an und flog bereits Tage später nach Paris. Nach 90 Minuten Flugzeit landete unser Airbus auf dem CDG Airport Paris, welcher einer von dreien in oder an der Metropole war. Ich nahm ein französisches Kunststipendium an, da mir alles nicht Erlernbare schwer fiel, wie z.B. die Schönheit der Kunst in der entsprechenden künstlerischen Art zu sehen und nachzuvollziehen. Die angebotenen Studiengänge reichten hier von musischen Fachgebieten über lyrische Kurse zu bildnerischen Akten und vielem mehr. Ich schrieb mich in alle Grundkurse ein, soweit die Teilnahme zeitlich möglich war. Doch wurde mein Übereifer schon nach dem ersten Tag an der Uni bestraft. Abends war ich dermaßen verwirrt und erledigt, dass ich mich schwer an in Deutschland erlernte lateinische Verben und deren Konjugation erinnern konnte; mein eifrig erlerntes Wissen war weg. Da ich zu müde war, um im Internet nachzuschauen oder jemanden zu fragen, schlief ich mit dem fremden Gefühl ein, etwas nicht zu wissen. Es war fremd und beängstigend, etwas Erlerntes vergessen zu haben und sich erschöpft und ausgelaugt zu fühlen. In meiner bisherigen Ausbildung, war mir etwas Vergleichbares nie passiert. Damit ich nicht im Ungewissen ersoff, gab ich die Hälfte meiner Kurse wieder ab und konzentrierte mich mit meinen ganzen Kräften auf die Gesangs- und Musikausbildung, die Malerei und zuletzt noch die lyrische Kunst.

Da die besten Studenten der Kunstakademien am längsten dort studieren durften, war ich betrübt, als ich bereits nach sechs Semestern wieder nach Hause geschickt wurde.

Allerdings lernte ich in der ville lumière (der Lichterstadt), oder la capitale, wie sie von Neidern gerne genannt wird, die Poesie der großen Künstler kennen und erfuhr einen Teil davon. Vor allem das Leben von Claude Monet (1840-1926), der in Giverny 80 Kilometer westlich von Paris, im rosa gestrichenen Bauernhaus mit grünen Fensterläden wohnte, faszinierte mich. Er zog mit seiner zehnköpfigen Familie 1883 dorthin und legte einen herrlichen Seerosenteich an, den er oftmals impressionistisch malte. Der Pflanzenliebhaber stand frühmorgens auf, damit er für seine Werke das beste Licht hatte und sich ihnen ungestört widmen konnte.

Natürlich war ich von der schönsten Stadt der Welt durchwegs begeistert, war an den Wochenenden fast ausschließlich im Louvre, dem Musée Picasso und in vielen weiteren Museen. Auch sah ich die bedeutendsten Werke von Matisse, Manet, Pissarro, Renoir, van Gogh und von Cézanne, um nur einige aufzuzählen. Aber auch das Pariser Wachsfigurenkabinett Musée Grévin war faszinierend. Wir besichtigten einmal im dritten Semester Disneyland, das eine halbe Busstunde außerhalb von Paris liegt. Dort legten wir unser Augenmerk auf die Nachbauten von Bäumen, den sogenannten Urwaldriesen, die teilweise ausgehöhlt waren und Wohnungen beinhalteten. Ebenso wurden die prächtig hergerichteten Häuser und sonstigen Anlagen unter die Lupe genommen und analysiert. Wir durften uns sogar die Disneyparade anschauen und darüber eine fünfzeilige Aktennotiz anlegen. Was sich als äußerst schwierig herausstellte, da der Zug sehr lange war und jeder seitenlange Referate darüber hätte schreiben wollen.

Zum Abschluss meines Aufenthalts unternahm ich eine Informationsfahrt auf der Seine, die am Eiffelturm startete und durch die Wasserstraße der Stadt führte. Nervend war dabei allerdings, dass die Reiseleitung jeden sehenswerten Punkt erst in Französisch erklärte und dies dann in Englisch wiederholte. So sah ich wo die Baudenkmäler von König Ludwig XIV. waren und auch über welche Brücke Napoleon ritt. Die Brücken und sämtliche Statuen waren so gut erhalten und restauriert worden, dass es aussah, als wäre alles, was wir erzählt bekamen, erst vor kurzem geschehen.

Die Fahrt auf den Eiffelturm war anschließend allerdings niederschmetternd, denn da war alles auf Kommerz ausgerichtet und der Stahlriese passte eigentlich nicht zu dem Paris, das ich die letzten drei Jahre zu lieben gelernt hatte.

Nun hatte ich in der Stadt der Liebe und der Künstler erfahren, was zur Kunst gehört. Kein Wissen macht den Künstler aus, es ist die Gabe umzusetzen, was das Auge sieht, das Hirn daraus erarbeitet und schließlich das Instrument verwirklicht. Beim Maler ist es der Pinsel in der Hand, beim Schnitzer ist es die Klinge und beim Schreiberling die Feder, aber ohne die Muse und die Inspiration ist das alles nichts.

Auszug aus dem Buch »Das Wunderkind«
2003, Fischer und Fischer Medien AG

Jan Würthner

Erwachen

Vor einer kleinen Ewigkeit
Ward ich mit allem Freud und Leid
Dem finstren Gang des Bildungswesens
Auf der Schulbank einst geweiht

In jenen Tagen war zudem
Ein junges Mädchen sehr begehrt
Obgleich von vielen gern geleugnet
Still und heimlich doch verehrt

Was voller Zweifel, fremd und starr
Von ihrem Lächeln sanft berührt
War plötzlich angenehm und klar
Vertraut und liebevoll verziert

Mit einem Schlag hat sie den Tag
Der sonst so trüb und so beschwert
Ins reinste Paradies verkehrt
Ein wenig Frühling mir beschert

Zwar Herz und Wille ungebrochen
War ich ja zu jener Zeit
Zu vielem lang noch nicht bereit
Hab kaum ein Wort mit ihr gesprochen

Ihr stetes Dasein hat mich eben
All die Jahre durch begleitet
Tag für Tag an dem ich schwärme
Nun erfüllt die Welt mit Leben
Und mein Herz mit Wärme

Viel ist mir nicht von ihr geblieben
Kein Gespräch, kein Kuss bei Nacht
Doch mit dem starken Wunsch zu lieben

Hat sie mir ganz unbedacht
Das wertvollste Geschenk gemacht

So manches ist mir heute klar
So fern von jenem Ort
Ein wenig ist geblieben zwar
Sie selbst jedoch ist fort

Die Prüfung

Es ist wie mich sonst nichts bewegt
Mir eine Prüfung auferlegt
Die an Plan und Vorbereitung
So in Wort wie Bild und Schrift
Ausmaß sowie auch Bedeutung
All Gewesnes übertrifft

Ich steh zum letzten Male hier
Vielleicht vor dieser Zimmertür
Nur ein Moment auf lange Zeit
Entscheidet über Freud und Leid

Zu wahren den so falschen Schein
Vor Spannung bin ich wie gebannt
Bemüh ich mich gefasst zu sein
Schon mit dem Rücken an der Wand

Die Fragen hinter meiner Stirn
Was hat mich hierher bloß verschlagen
Sie zermartern mir das Hirn
Werd ich die rechten Worte sagen

Ach wüsst ich jetzt schon was in Ehren
Werd ich mich gleich sagen hören

Kann ich Ausdruck mir verleihn
Hab ich manchmal übertrieben
Werd ich überzeugend sein
So ist das Blatt noch nicht geschrieben

Frühling

Die Nacht bricht an - der Tag geht nun zur Neige
Ein hübsches Mädchen still in ihrem Zimmer hockt
Sanft streichelt sie die Saiten ihrer Geige
Graziöse Klänge sie dem Instrument entlockt

So delikat spielt sie die kleinen Terzen
Manchmal begleitet sie sich mit Gesang
Und manchmal bricht sie unzählige Herzen
Doch lausche ich stets gerne diesem Klang

Verträumten Blickes schaut sie in die Ferne
Genießt, was die Musik ihr gibt
Und ahnt nicht wie ein heimlicher Verehrer
Sich grenzenlos in sie verliebt

Der Träumer

Ein ach so kleiner Augenblick
Bringt wohl die schöne Zeit zurück
So unbeschwert und wunderbar
Als ich ein Kind noch war

Die täglich Arbeit wohl gelingt
Bis diese Melodie erklingt

So zart und sanft bewirkt sie schlicht
Ein kleines Lächeln im Gesicht

Was längst vergessen ich geglaubt
Ist plötzlich wieder so vertraut
Ein Träumer bin ich und ein Narr
Schon seit ein Kind ich war

Glück

Regentropfen tanzen freundlich
Leis auf meiner Fensterscheibe
Flüstern lieblich mir ins Ohr
Während ich diese Zeilen schreibe

Zutiefst bewegt mich innerlich
Ein Gleichklang mit der ganzen Welt
Das oft verlorene Vertrauen
Ist gänzlich wieder hergestellt

So möcht ich durch die Straßen eilen
Springen und vor Freude schrein
Mein Glück mit allen Menschen teilen
Schenken, lieben und verzeihn

Was immer nun noch kommen mag
Ganz gleich welch Qual mir auferliegt
Als kleines Wölkchen hinter meinem
Unfassbaren Glück verfliegt

Denn was mir heute widerfahren
Werd ich ewig mir bewahren

Abschied

Nun meine Freunde
Lasset Euch sagen
Seid mir nicht böse
Ich werd nun gehn

Stetes Verlangen
Offene Fragen
Geben mir deutlich
Dies zu verstehn

Es gibt noch so viel mehr zu entdecken
Liebe und Leidenschaft zu erwecken
Träume, die uns in die Ferne verschlagen
Die zu träumen wir nicht einmal wagen

Werd ich wohl schreiten
Auf rechten Fährten
Kann's noch nicht sagen
Weiß selbst nicht wohin

Ihr ward stets gute
Treue Gefährten
Ich werd an Euch denken
Wo ich auch bin

Gebirgssee

Umarmt von festem Berg und Fels
Im Schutze ehrwürdiger Riesen
Wohlgesonnen, ernster Miene
Liegt ein schlanker See geborgen

Zart berührt von grünen Wiesen
Fern von alltäglichen Sorgen

Ein Tropfen quillt aus hohem Berg
Gedeiht zu einem Wasserfall
Und sucht sich seit so vielen Jahren
Hier und da den Weg ins Tal

Bei Nacht bin ich hinausgeschwommen
Fern von jeder Zeitigkeit
Mich überkam für einen Augenblick
Ein zarter Hauch von Ewigkeit

Der Forscher

Zu später Stund bin ich hier gerne
Mich lockt der Herbst mit süßem Duft
Meine Gedanken schweifen in die Ferne
Der Geist verlangt nach etwas Luft

So kleide ich mich an, ich schließ die Türe
Ins nasse Laub setz ich den Fuß
Wenngleich ich etwas Kälte nun verspüre
So reift in mir ein Hochgenuss

Und so spazier ich durchs Gehege
Vorbei an einem Heliumtank
Über Treppen und laubbedeckte Wege
Am Institut für Theorie entlang

Es ist ganz leis und keiner spricht
Im sechsten Stock - da brennt noch Licht

Gertrud Zürcher

Fragen

Wer weiß, weshalb es so ist, wie es ist?
Wer kann die Ereignisse erklären?
Es ist gut, dass ihr nicht alles wisst,
Vertrauen haben wird sich bewähren.
Wenn alles vorüber, der Weg zu Ende,
Kommt die Erlösung, des Lebens Wende.
Was sollen denn die vielen Fragen?
Und hört ab sofort auf zu klagen!
Erkennt alsbald des Lebens Sinn.
Danke, lieber Gott, dass ich bin.

Frühlingserwachen

Wenn die Blumen sprießen
und die Sonne lacht,
neue Impulse fließen,
sanft das Herz erwacht.
Sehen wir im Haine
der Vögel und Blüten Pracht.
Jeder wünscht sich das Seine,
die Liebe kommt mit Macht.
Sie ist es, die uns stärket
zu neuem Lebensmut.
Sie ist es, die Schönes bewirket.
Oh, wie gut das tut!

Geduld

Freu' dich, Herz, und singe,
Glaube fest daran,
dass Zeit und Geduld dir bringe
alles nach Gottes Plan.
Vielleicht ist es nicht heute,
vielleicht auch morgen nicht.
Betracht' einmal die Leute
Und schau in ihr Gesicht.
Erkenne in ihrem Ausdruck
Die Fragen und die Not.
Sieh wie sie stehen im Zeitdruck
Und kämpfen ums tägliche Brot.

Der Wald

Geh in den Wald spazieren,
freu dich und schau dich um!
Ein Zeuge von Gottes Liebe,
ein Zeuge, nicht ganz stumm.
Hörst das Gezwitscher dort oben,
der Vöglein fein und zart,
wie sie den Schöpfer loben
auf wunderbare Art?
Am Waldrand aus dem Gehäuse
Schleicht abends still ein Fuchs,
Eichhörnchen, Marder, Mäuse
und manchmal sogar ein Luchs.
Und all die Beeren im Haine,
sie reifen auch für dich,
sind sie auch noch so kleine
es kann jeder laben sich.
Und noch zu tausend Malen
Auf dieser weiten Welt
Wird ein Stern für dich strahlen,
der dein Gemüt erhellt.

Verträumte Gedanken

Die Bäume sind schön,
doch vor lauter Grün kann ich nicht mehr hinübersehn,
muss alles mit dem inneren Auge betrachten
und auf andere Zeichen achten.
Möchte etwas, das ich nicht haben kann.
Was fang ich bloß mit dieser Einsicht an?

Da, wo jetzt die Rosen blühn,
in der Weihnachtszeit die Lichtlein glühn.
Die Botschaft kann man verstehn,
auch ohne genau hinzusehn.
Es ist alles darin enthalten
und wartet darauf, sich zu entfalten.

Was schweigst du, oh Herz?
Sag, kannst du nicht warten?
Schau draußen die grünenden Blätter im Garten.
Und du, Sonne, verbirgst dein Angesicht,
sag, strahlst du auch seinetwegen nicht?

»Welcher ohne Fehl sei, werfe den ersten Stein!«
(Resultat meiner Überlegungen über die Fehler, die im Laufe des Lebens gemacht werden.)

Wie alle Menschen bin auch ich auf dem Weg zur Ewigkeit. Mein Weg war bisher steinig und ich bin gestolpert. Im Hinblick auf das Ziel, welches mir mit dem Reich Gottes vor Augen stand, habe ich mich immer wieder aufgerichtet und bin tapfer weitermarschiert.

Zeitweise war ich schwer mit Sorgen belastet, die nicht alltäglich sind. Gott hat mir viele Prüfungen auferlegt und ich habe nicht an seiner Güte gezweifelt. Er schenkte mir die Kraft, zu kämpfen, durchzuhalten und Demütigungen hinzunehmen. Auf diese Weise bin ich ihm näher gekommen, hatte die Möglichkeit, unsichtbare Dinge wahrzunehmen, und wurde so in dem Wissen über die Existenz der geistigen Welt gestärkt. Alles hat sich letzlich zum Segen entwickelt.

Trotzdem habe ich noch viel zu lernen. So zum Beispiel mich nicht durch Äußerungen von Drittpersonen aus der Ruhe bringen zu lassen.

Ich möchte vorwärts gehen, nicht stehen bleiben und nicht unabänderlichen Dingen nachtrauern, möchte offen sein und den Rest des Lebens ebenso im Vertrauen auf Gott und seine Verheißungen zu Ende führen.

Weltverbesserung

Wenn ich die Welt ändern könnte, wo würde ich damit beginnen?

Nicht bei den Schönheiten der Natur, nicht im Tierreich, nicht bei den friedfertigen Menschen, nicht bei den Gesunden. Erinnert man sich an die Worte und Botschaften der Heiligen Schrift, gibt es nicht viel, das wir in schicksalsbedingtem Hinnehmen ändern sollten, weil alles einen Sinn hat, auch das, was uns nicht gefällt, was wir nicht haben möchten.

Aber eines dürfen und müssen wir: uns jederzeit für den Frieden einsetzen. Sich für das Gute zu entscheiden, hat immer einen Sinn, ist allerorts richtig.

Beten ist gut, Handeln ist auch gut.

Ratschläge erteilen ist gut, Mittragen ist besser.

Nicht auf einen »besseren« Zeitpunkt warten, sondern sofort etwas tun!

Wer heute am Erfrieren ist, wird morgen nicht mehr leben.

Wortbegriff

*E*s gab eine Zeit, da wurden die jungen Menschen auf das Leben vorbereitet. Die Eltern und Lehrer waren der Meinung, man müsse ihnen ganz bestimmte Verhaltensweisen eintrichtern. Und so geschah es. Bibelzitate und Geschichten wurden erzählt. Zum Beispiel vom armen Lazarus, von St. Nikolaus, von Ritter Georg und so weiter. – Es gibt viele Beispiele, deren Sinn der Weiterverbreitung es ist, die Herzen der Menschen dazu zu bewegen, selbst unermüdlich anderen zu helfen. – Damals hörte man noch auf die Ratschläge der älteren Leute, welche um die gute Saat besorgt waren.

Erfreulicherweise blieb die erfolgreiche Ernte nicht aus und es gab viele Menschen, die bereit waren, anderen zu helfen. Da entwickelte sich das Psychologiefieber und besonders eifrige »Psychologen« wussten die guten Taten nicht zu würdigen, und da sie ohnehin ständig auf der Suche nach pathologischen Begriffen waren, nannten sie diese Eigenschaften:

Helfersyndrom.

Im Wandel der Zeit wandeln sich auch die Interpretationen gewisser Handlungen. Vielleicht wird eines Tages der Eine oder Andere, wenn er in Not geraten ist, um Hilfe schreien. Wie wäre es dann, wenn man ihm sagen würde: »Ich kann dir nicht helfen, ich bin selbst krank, ich leide unter einem Helfersyndrom.«

Ja, so ist der Wandel der Zeit.

Wie schön, dass es Türpfosten gibt.

Mit dem Verstand und der Vernunft allein zu leben ist nicht immer einfach. Manchmal, wenn man zutiefst im Herzen leidet, möchte man mehr, man möchte irgendwo anlehnen dürfen. Schweigen und Akzeptieren sind unumgängliche Verhaltensmaßnahmen gewisser Lebensumstände.

Traurig, wenn niemand da ist, an den man sich wenden kann, wenigstens für einen kurzen Moment, jemand, dem man sagen könnte, wie schön etwas ist oder wie tief und ernst man etwas empfindet. Aber nein, da ist keiner, auch nicht einer. Alle, die man kennt, sind beschäftigt, haben wichtigere Dinge zu erledigen, sind nicht da, hören nicht zu.

Eben dann, dann lehne ich mich an einen Türpfosten und weine, denn er ist da. Er ist zwar aus Holz, kann auch nicht sprechen und nicht zuhören, reagiert ebenfalls auf keine Art und Weise, weil er unbeseelt ist. Aber er ist da.

Vorsehung

Die Ereignisse der Vorsehung unterschätze nicht.

Was für dich bestimmt ist, kannst du nicht von dir fernhalten. Zögere nicht, es zu akzeptieren und nimm es dankbar an. Denn der liebende Gott hat alles zu deinem Besten bestimmt.

Regentropfen

Regentropfen sind wie Tränen. Die chemische Zusammensetzung sowie deren Funktion sind allerdings verschieden. Doch letztlich sind es Wassertropfen, die Bestimmung erfüllend, zu befeuchten und auszutrocknen. Wenn sich dies im Gleichgewicht befindet, ist alles in Ordnung, aber wehe, wenn nicht! Trockenheit und Dürre oder Überschwemmung und damit Zerstörung können die Folgen sein.

Es ist uns schlicht unmöglich, die Wassertropfen in Seen und Meeren zu zählen. Auch Tränen können unzählbar sein. Sie entstehen durch äußere Reize oder haben innere »Beweggründe«. Diese wiederum sind meistens mit seelischen Schmerzen verbunden. Freudentränen sind wesentlich seltener. Ja, so ist das Leben, so sind die Einwirkungen der Natur. Mehr oder weniger schön, oft unbegreiflich. Ein Kreislauf, der offenbar so sein muss, Gott weiß warum.

Hymne an die Liebe

Liebe, von Gott begnadet, nie in der falschen Richtung laufend:
Wie schön bist du! Wie einmalig, unergründlich und unbere-
chenbar. Du bewegst die härtesten Herzen und die stursten
Köpfe. Wenn du echt bist, ist dir vieles möglich. Wenn deine
Absichten rein sind, ist dir der Segen des Himmels gewiss.
Wenn du gibst und empfängst, bist du von Glück umhüllt,
erfüllst deine Bestimmung. Liebe, du duldest und erträgst,
obwohl du verletzlich bist. So lange die Erde besteht und es
Menschen gibt, wird es auch dich geben. Begegne denen, die
bereit sind, dich zu empfangen!

Gedanken über das Schweigen

Manche schweigen, weil sie nicht wissen, was sie sagen sollen.

Einige schweigen aus Angst, sie könnten etwas Falsches sagen.

Wieder Andere schweigen, weil sie vor lauter Mitteilungs-bedürfnis nicht wissen, wo sie anfangen sollen.

Der Grund des Schweigens ist möglicherweise auch, dass die Wahrheit dem Zuhörer weh tun könnte.

Ein anderer möglicher Grund wäre, Angst vor den Konse-quenzen zu haben.

Ein gläubiger Christ jedoch, der um Gottes Gegenwart weiß, fürchtet sich nicht vor der Wahrheit, ist bereit, dem anderen liebevoll etwas mitzuteilen, ohne ihn zu verletzen. Er kann mit der Unterstützung des Himmels rechnen und sagen, was er meint und fühlt. Denn er weiß, dass auch die verborgensten Gefühle nicht vergebens sind, sondern uns und den Anderen etwas mitteilen wollen, was wir mit Schweigen nicht erfahren würden, etwas, das zum Leben gehört, etwas, das uns in der Persönlichkeitsentwicklung weiterhilft.

Der letzte Schliff

Da ich nun endlich genügend Zeit zum Nachdenken hatte, tat ich dies auch. Und siehe, mir wurde einiges bewusst, was ich so nicht stehen lassen konnte. Damit meine ich gewisse Charaktereigenschaften.

Ich war bereit, zu lernen, was ich lernen musste, lieber spät als gar nicht.

Ich hörte damit auf, Andere in ein Schema einzuordnen oder sie zu klassifizieren. Täglich nahm ich mir vor, vor allem die guten Seiten der Menschen zu erkennen, sie als Geschöpfe Gottes zu sehen, sie nicht zu verherrlichen, aber ihnen mit Geduld und Wohlwollen zu begegnen. Das meinte ich zwar, bisher auch getan zu haben, wollte es jedoch von Neuem versuchen. Dann nahm ich mir vor, mich nicht kränken zu lassen, Ereignisse, die ich nicht verstehen konnte, Gott zu übergeben. Bei dieser Überlegung zeigte sich das erste Problem. Denn: Wenn alles von Gott kommt, kommt auch das von ihm, was wir nicht verstehen können. Demzufolge liegt der Sinn darin, es verstehen zu lernen. Wenn wir es Gott übergeben, lernen wir nichts. Gott versteht alles, aber wir müssen auch verstehen lernen. Ja, das wird es sein.

Die Zeder in Lourdes

*B*ei einer Zwischenstation auf meinem Lebensweg suchte ich die Stille. In einem Park an geweihter Stätte begegnete ich einer Zeder. Sie habe ich als »meinen« Baum auserwählt.

Täglich habe ich ihn besucht. Er wartete auf mich und strahlte mich an. Ich lehnte mich an ihn und fühlte mich wohl. Da waren viele Menschen, doch keiner, der auf mich wartete oder bei dem ich mich hätte anlehnen dürfen.

Der Zeder brauchte ich nichts zu erklären, mich nicht zu rechtfertigen und es gab keine Missverständnisse. Ich fragte den Baum: »Was soll ich tun?« Er flüsterte mir zu: »Geh zu den Menschen, dort wird dir Gottes Vorsehung offenbart werden.«

Die Glut

*E*in Narzisst, der sich von äußerer Schönheit angezogen fühlte, überwachte am Rande seiner Geschäfte eine Feuerstelle, in der seit langer Zeit Glut vorhanden war. Wenn er sich ihr näherte, sprühte sie für ihn.

Doch diese Glut, welche ihm gleichmäßig Wärme und Geborgenheit spendete, wollte er nicht mehr.

Eines Tages zertrampelte er sie in seinem Zorn. Er war auf der Jagd nach dem Feuer, nach alles verzehrenden Flammen. Feuer brannten und erloschen.

Die Jahre hinterließen Spuren und es wehten kalte Winde um sein Herz. Der Winter überschattete seine Seele.

Da begann er sich an die wohltuende Glut zu erinnern, die er seinerzeit der sinnlichen Begierde geopfert hatte. Er sehnte sich nach ihren sprühenden Funken und machte sich auf, sie zu suchen.

Weder die Zeit, noch der Sturm oder der Wind, sondern er selbst hatte diese stille, tragende Liebe zum Erlöschen gebracht. Seine Reue war groß, aber sie kam zu spät.

Zum Thema Hoffnung:

*D*er Glaube, die Hoffnung und die Liebe standen sich gegenüber.

Der Glaube prahlte: »Die meisten Menschen glauben.«

Die Hoffnung äußerte unbescheiden: »Alle Menschen hoffen.«

Da machte sich auch die Liebe bemerkbar und alles erstrahlte in göttlichem Licht.

Gib die Hoffnung nicht auf, wenn du meinst, dass nichts geschieht, weil du nichts siehst.

Hoffe, und du wirst sehen, was geschehen wird.

Wenn du nicht mehr weißt, wie es weitergehen soll, schließ die Augen. Denn nur mit geschlossenen Augen ist dein Blickfeld unbegrenzt. Die Geduld wird dir in Gestalt eines Engels begegnen und dich auf dem für dich bestimmten Weg weiterführen, dorthin, wo alle Hoffnung sich erfüllen wird.

»Was soll ich denn hoffen?« fragt der Verstand. Er zieht Bilanz und stellt enttäuscht fest: »Hoffnung zu haben ist unrealistisch.«

Das Herz, beglückt und sich festhaltend an der Möglichkeit, dass die Hoffnung existiert, ist anderer Meinung: »Aber ich will hoffen, dass sich meine Wünsche erfüllen, und dass …«

Die Seele hingegen, an Erfahrung reich, von Weisheit gestärkt und wissend, spricht nicht, aber sie hofft und freut sich, in die ewige Heimat zurückzukehren.

Hoffnung, wie bist du so verführerisch. Manchmal habe ich nicht die Kraft, dir zu widerstehen. Du offenbarst dich mir wie ein Fenster, hinter dem das Glück zu liegen scheint. Mutig und behutsam öffne ich es und lasse mich von der Illusion betören, bis ein starker Wind weht, der das Fenster und alles, was dahinter liegt, zerstört.

Hoffnung, wenn du mich gewinnen willst, dann halte den Wind von mir fern oder gebiete ihm, sein Säuseln zu besänftigen, so dass ich verstehen kann, was er mir sagen möchte.

Nachdem ich an der Hoffnung gezweifelt hatte, näherte sie sich mir liebevoll und sagte: »Habe ich dich nicht das ganze Leben hindurch treu begleitet? Hast du nicht erkannt, dass mich Gott gesandt hat, um dich vor der Verzweiflung zu retten? Halte die aus dem Leben hervorgebrachten Erkenntnisse fest. Ich, die Hoffnung, werde alles erfüllen, was aus göttlicher Vorsehung für dich bestimmt ist. Aus lauter Güte habe ich nicht alle deine Wünsche erfüllt, um dich vor Enttäuschungen zu bewahren und dich deinem Lebensziel näher zu bringen. Halte noch eine Weile durch, denn von dem, was du letzten Endes erhoffst, weißt du schon, dass es eintreffen wird.

AUTORENÜBERSICHT

CHRISTIAN BARSCH, 1931 geboren, am Konservatorium Cottbus 35 Jahre Lehrer; »Vier Streiflichter«, »Fremdes Gesicht«, »Jahreszeitenbilder«, Anthologiebeiträge.

CARSTEN ELSNER, am 10.11.1961 in Hannover geboren. Mathematiker, Privatdozent für Mathematik. Erster Erfolg als Schriftsteller mit der Erzählung »Der Dialog der Schwestern« im c't - Magazin für computer technik 25 (1999), 288–296. Hierin wird kryptographisches Grundwissen im Umfeld einseitig hochbegabter Autisten vermittelt. In den meisten seiner Erzählungen kommen Menschen mit außergewöhnlichen Fähigkeiten oder Menschen in psychischen Extremsituationen vor. Die etwas andere Sichtweise uns sonst so vertrauter Dinge fasziniert den Autor und reizt ihn zum Schreiben. Beteiligt an der »Autoren-Werkstatt 82«, R. G. Fischer Verlag, Frankfurt/M.

THOMAS HEINZE, 1960 in Cottbus geboren, lebte seit 1981 in Erkner bei Berlin sowie in Berlin. Verschiedene Tätigkeiten u.a. als Friedhofsgärtner. 1983-84 politische Haft, Juni 1989 Übersiedlung nach Bremerhaven, 1991 Rückkehr nach Berlin. Reisen in fast alle europäischen Länder. 1990–96 mehrmalige Inhaftierung auf Grund von Schwarzfahrens mit der DB. Zeitweilige Unterbringung in der Psychiatrie. Erwerbsunfähigkeit. Seit 1998 wieder intensive Arbeit am ersten Lyrikmanuskript »Nur noch eine Träne in der Kälte der Nacht«.

DIETER JAEKEL, geboren am 31.3.1938 in Vlotho/Weser. Nach dem Schulbesuch sechs Jahre unter Tage (Steinkohlebergbau), dann sechs Jahre Militärdienst bei der Bundeswehr. Seit 1967 verheiratet, zwei Kinder, und als Sozialarbeiter in verschiedenen Bereichen tätig (Heimerziehung, Jugendstrafvollzug, Kinderheim u. a.). Schreibt Gedichte, Märchen und autobiographisch gefärbte Kurzgeschichten, die bisher noch nicht veröffentlicht worden sind.

OLAF KANTER; geboren 1959 in Dresden, lebt in Freital, Abitur, Studium des Maschinenbaus an der TU Dresden und an der Ingenieurschule Meissen, Fernstudium am Literaturinstitut »Johannes R. Becher«, Leipzig, Arbeit als Betriebsingenieur und Leiter eines Heizhauses, Versicherungsvertreter und im Tiefbau, zuletzt technischer Angestellter einer Stahlbaufirma. Mitglied des Förderkreises für Literatur in Sachsen. Bisher erschienen: Taupunkt (Gedichte) 2000, Steinlese (Anthologie des Förderkreises) 2001.

INGEBORG M. KELLER, geboren in Düsseldorf. Abitur. Veröffentlichungen: »Der Blumenkönig und das Geisterschloß«, Märchenbuch, Engelbert-Verlag 1983; »Vom Stein, der blühen wollte«, Märchenbuch, R. G. Fischer 1993; »Wehe, wenn du mich (nicht) liebst«, Roman, R. G. Fischer 1995; »Der Regenschirm«, Märchen aus dem Buch »Der Blumenkönig und das Geisterschloß«, als Zeichentrickfilm verfilmt und gesendet in der Reihe »Siebenstein« vom ZDF, von 3sat und an NOS, NRK und Ungarn verkauft. Kurzgeschichte »Eine unvergeßliche Begegnung«, im Bonner Anzeigenblatt Nr. 28 am 8.7.1992; beteiligt an mehreren Ausgaben der »Autoren-Werkstatt« mit Kurzgeschichten, Gedichten und Märchen.

HARALD KOLB wurde am 13.11.1966 in Voitsberg, Österreich geboren. »Nachdem ich meine Pflichtschuljahre und meine Schlosserlehre endlich hinter mich gebracht hatte, wollte ich frei sein und reisen. Seit 1986 führe ich nun ein recht ungebundenes Leben. Bin auf jedem Kontinent herumgereist. Längere Aufenthalte in Kalifornien, Indien, auf den Philippinen, in Australien, Kenia und Kolumbien. Doch das Wesentliche war es immer, mich selbst zu verstehen. Beschäftige mich schon lange mit Yoga, Meditation und seit einigen Jahren mit dem Heilen. Vor zwei Jahren begann ich, nach einer mystischen Zeit auf den Philippinen, mit dem Schreiben. Etwas hat sich dort in mir geöffnet. Geld für neue Reisen verdiente ich mir zwischendurch als Hilfskraft im Gastgewerbe in meinem Heimatland. Habe inzwischen Material für 7 ½ kleine Bücher. »Der Einsiedler und der Wanderer« erscheint 2003 im R. G. Fischer Verlag, Frankfurt. Schwerpunkt meiner Bücher ist die »Selbsterkenntnis«.

CARSTEN KRUSE, geb. 22.8.1940 in Dortmund, Dipl.-Ing. Keine Veröffentlichungen. Verheiratet seit 1970, 2 Kinder, 1 Enkel. Hobbys: Kurzgeschichten, Malen, digitale Fotografie.

GERTRAUT LENZ, geboren am 27. April 1938. Med.-techn. Assistentin, Hauptfachrichtung Röntgen. Seit 1992 Heimleiterin in der Altenarbeit. Beteiligt an der »Autoren-Werkstatt 85« und der »Weihnachts-Anthologie 15«, R. G. Fischer Verlag, Frankfurt.

MANFRED LEUPOLD, Jahrgang 1932, Kriegskindheit, Theologiestudium. Bis 1962 Vikar in Saarbrücken und Wien, bis 1979 Gemeindepfarrer in Köln. 1980 Zäsur. Bis 1983 Fahrlehrer, bis 1996 Schulpfarrer in Leverkusen. Bis heute: Gedanken über Gott und die Welt und mich selbst. Verheiratet, zwei Kinder.

USCHI MERKLE, geboren 1958, hauptberuflich Altenpflegerin, nebenberuflich Versicherungsvertreterin, schreibt Belletristik und Gedichte, veröffentlichte im April 1999 in der »Autoren-Werkstatt 66«, im April 2001 in der Autoren-Werkstatt 80« und in der Jubiläumsanthologie 2002, sowie in der »Autoren-Werkstatt 88«. Sie liebt das Schreiben, Tanzen, Schwimmen und Dekorieren; hat keine Kinder und lebt mit ihrem Lebensgefährten in Weinheim/Bergstraße.

MICHAEL PABEL, geboren 1947, Dipl.-Theologe, Sozialpädagoge, tätig als Rechtsanwaltsfachangestellter, ehrenamtlich Seelsorger (Kurat) in der altkatholischen Kirche. Schwerpunkte seiner Arbeit: Grenzfragen Psychologie/Religion, Lebensfragen, Rundfunkarbeit, Lokalzeitung. Veröffentlichungen: »Er zeige dir Sein Angesicht, Die Schriften des Franz von Assisi«, Leipzig 1982; »Mit den Armen heute leben, Indische Geschichten« (Hrsg.), Leipzig 1991; »Drei Minuten über Gott und die Welt«, Göttingen 1996, »Vita@com – Heute schon gelebt?«, Frankfurt 2003

OSWALD POPLAS, geboren am 4.8.1948 in Garanas (Steiermark, Österreich). Besuch der Pestalozzi-Schule und einige Jahre in einem staatlichen und kirchlichen Internat in Österreich. In der Pestalozzi-Schule wegen der überschäumenden Phantasie in den Nacherzählungen aufgefallen. »Ich liebe das geschriebene Wort, mißtraue dem gesprochenen Wort.« Pharmazeutisch-technische Ausbildung und Absolvierung eines betriebs- und volkswirtschaftlichen Studiums in München. Hochschule für Philosophie in München. Gute Kenntnisse der russischen, slowenischen und kaukasischen Literatur. Bisher noch keine Veröffentlichungen: »geschrieben nur für mich alleine«.

JÖRG RÖSKE, geboren 1962 in Münster (Westfalen). Schon als Kind hat er sehr viel gezeichnet und erzählt; nach diversen Studiengängen entschied er sich für den Beruf des freischaffenden Künstlers. Er schreibt Gedichte, Kurzgeschichten und Erzählungen, mit denen bisher zehn Bücher gefüllt wurden: »Die Urwasser« (Erzählung), »Morgenröte« (drei Erzählungen), »Der Fisch« (vier Erzählungen), »Der gelbe Himmel und die graue Ebene« (Erzählung), »Die Schneelandschaft und der violette Himmel« (Erzählung), »Archaik« (Erzählung), »Sphärisch« (Erzählung), »Nachtsee« (Gedichte), »Wotans Erscheinen« (Gedichte), »Mehr als 100 Gedichte« (Gedichte).

INGE ROTH-MERKLE, geboren am 10.11.1942 in Dresden, aufgewachsen in Bottrop. 1974 bis 1979 Studium an der Gesamthochschule Essen in Geschichte und Biologie für das Lehramt; seit 1981 als Lehrerin tätig. 1994 bis 1997 Studium der Pädagogik in Essen, Examen mit »sehr gut«. »Das Schreiben der Diplomarbeit bereitete mir viel Freude, deshalb beschloss ich, weiter zu schreiben. Aus Zeitgründen wurde nichts daraus. Er im Jahr 2003 sandte ich einige Geschichten und Gedichte an den R. G. Fischer Verlag.«

DIETRICH SCHELHAS. 1950 in Schweinfurt geboren, begann 1967 die Lehre als Gold- und Silberschmied in Schweinfurt. 1970 erfolgreiche Gesellenprüfung in Münsterschwarzach. Im anschließenden Wettbewerb des Silberschmiedehandwerks Bundessieger. Von 1973 bis 1976 Goldschmied in Hanau, seit 1976 selbständig. Nach verstärkter Einbeziehung der Hobbys wie Mineralogie und Paläontologie in die berufliche Laufbahn, zahlreiche Wanderausstellungen in Deutschland, der Schweiz und Frankreich. Seit 1984 ständiger Geschäftssitz in Gößweinstein. Veröffentlichungen: »Die Vielfalt edler Steine«; »Edelsteine der Welt auf einen Blick von A–Z (Die Edelsteinskala Magic Light)«; »Fossilien sind Zeugen der Erdgeschichte (Die geologische Zeitskala)«.

CONSTANZE SCHÖN, geboren am 10.10.1955 in Radebeul bei Dresden. Abitur, Studium in Rostock und Berlin mit Abschluss als Diplom-Dokumentar. Berufliche Wirkungsstätten: TU Institut für Forstwirtschaft, Tharandt; TU Universitätsbibliothek, Dresden; TU Institut für Landtechnik, Dresden; ab 1985 Carl Duisberg Gesellschaft, Köln, heute InWEnt Internationale Weiterbildung und Entwicklung gGmbH. Verheiratet, 1 Sohn; Hobbys: Tennis, Joggen, Reisen in ferne Länder und Lesen. Bisherige Veröffentlichungen: »Von der wissenschaftlichen Dokumentarin für landtechnische Instandhaltung zur One-Person-Librarian bei der Carl Duisberg Gesellschaft in Köln«, Regensburg 1997; »Informationsvermittlung in einer internationalen Fortbildungsinstitution« (»Buch und Bibliothek« 52 (2000) 3, S. 206–208).

ANGELIKA SCHRANZ, geboren am 15.1.1955 in Marburg, wo sie heute noch lebt. Sie ist Hausfrau und Mutter zweier Kinder. »Ich versuche, die vielen Gedanken und Eindrücke aus meinem und unser aller Leben in Gedichten und Erzählungen noch einmal aufleben zu lassen.« Bisherige Veröffentlichungen: »Das Gedicht lebt«, Band I, 2000; »Das Gedicht lebt«, Band II, 2001; »Das Gedicht lebt«, Millenniums-Anthologie; »Autoren-Werkstatt 82 (Blumen im Wind)«, alle im R. G. Fischer Verlag, »bei dem ich mich für die Chance der Veröffentlichungen recht herzlich bedanken möchte«.

MONIKA SCHROEDER, geboren am 16.07.1959 in Bremen, Packerin, zur Zeit Hausfrau. Sie begann über ihre Katze zu schreiben, als sie krank wurde, um ihre Sorgen zu vergessen.

MICHAELA SCHUSTER, geboren am 10. Oktober 1967 als Tochter einer musikbegeisterten Fremdsprachensekretärin und eines Ingenieurs in Frankfurt am Main. Die Mutterseite ist hessischen, die Vaterseite österreichischen Ursprungs. »Unter meinen Vorfahren väterlicherseits finden sich einige Maler und Musiker. Die Liebe zu Poesie und Prosa entwickelte ich schon als Kind, was sich vermutlich darauf zurückführen lässt, dass mich meine Familie früh mit beidem in Berührung brachte. 1986 beendete ich meine Ausbildung zur Wirtschaftskorrespondentin. Nach kurzen Ausflügen in andere Berufszweige, landete ich in der Entertainmentbranche, wo ich bis heute tätig bin. Seit 2000 lebe ich in Berlin-Wilmersdorf, zusammen mit meiner dreijährigen Tochter Ylvi. Die besten Ideen kommen mir für gewöhnlich bedingt durch Situationen, die sich im Alltag ergeben. Außerdem bin ich eine begeisterte Ski- und Kajakfahrerin, liebe Musik, mache gern selbst welche, mit Saxophon und Klavier, mag Flohmärkte und Reisen sowie angeregte Gespräche. Hieraus ziehe ich meine Inspiration zu schreiben. Die vom Fischer Verlag in der »Autoren-Werkstatt« sowie in »Das Gedicht lebt!, Band 4« abgedruckten Gedichte, sind die ersten, die ich je veröffentlichen ließ.«

NORBERT STIMM, 1944 in Waldshut geboren. Studium der
Theologie, Philosophie und Romanistik in Freiburg (Breisgau)
und Fribourg (Schweiz). Diplom-Theologe und Oberstudienrat
am Berufsschulzentrum Radolfzell mit den Fächern Deutsch,
Ethik, Französisch und Katholische Religion. Vortragstätigkeit
in der katholischen Erwachsenenbildung und an der vhs Radolfzell. Lieblingsbeschäftigungen: »Schwimmen im Mindel- und
Bodensee. Meditative Musik machen. Sich auf das liebende Du
konzentrieren. Philosophische und literarische Neuheiten entdecken. Ohne institutionelle Bindung religiös atmen. Von Kindern Lebensfreude lernen. Das Gute-Nacht-Sagen üben. Körper, Geist und Seele in Geduld reifen lassen. Sätze bilden. Mut
zum Nein-Sagen lernen.« Sinn und Ziel des Schreibens: »Ich
lebe für eine bessere Sprache des Erkennens, mit der Sprache
als meinem intimsten Partner, als Kind, als Junge und jetzt als
Erwachsener. Die sprachliche Verständigung ist ein Sprungseil,
mit dem ich lachend in den morgigen Alltag springe.«

PAUL VAN ANSKE, geboren 13.11.1976 in Buchloe (Schwaben).
Schul- und Ausbildung: Gesamt-, Berufsschule, diverse Privat-
schulen; Studiengänge in Philosophie, theoretische/praktische
Instrumental-, Gesangsausbildung, Zeichenunterricht, Fach-
richtung Impression. Ausbildung zum Dressurreiter, artistische
Pferdedressur. Derzeitiges Betätigungsfeld: Buch- und Lyrik-
Autor, Dressurreiten, Stimmbildung (Pop-Rockmusik), Bilder
und Skizzen zeichnen, malen (Kohlen, Bleistifte und Ölfarben).
Beteiligt an der »Autoren-Werkstatt 86« und Band 3 »Das
Gedicht lebt!«. 3003 erschien in der Fischer & Fischer Medien
AG sein Buch »Du und ich - forever together«, 2003 »forget-for-
give«, »Einsam aber perfekt« und »Ein Wunderkind«.

JAN WÜRTHNER, 1969 in Hamburg geboren. Physiker.
Schwerpunkte schriftstellerischer Arbeit: Gedichte und Kurzgeschichten.

GERTRUD ZÜRCHER, geboren am 13. Februar 1943. Aufge-
wachsen in Basel. Ausbildung zur Krankenschwester AKP.
Diverse Spitaleinsätze, längere Tätigkeit als alleinige Gemein-
deschwester auf dem Lande. Mehrjährige Mitarbeit an der
Universitätsklinik Basel, inkl. Mitbeteiligung an Forschungs-
arbeiten. Musisch begabt. Reich an Berufs- und leidgeprüfter
Lebenserfahrung. Beteiligt an der Weihnachts-Anthologie 15,
R. G. Fischer Verlag.

DAS KONZEPT DER AUTOREN-WERKSTATT

Die Anthologien »Autoren-Werkstatt«, die fortlaufend durchnumeriert werden, geben den Autoren des R. G. Fischer Verlages Gelegenheit, im Rahmen der »edition fischer« ausgewählte Arbeiten – Lyrik und Prosa – vorzustellen. Damit wird eine mehrfach aus dem Kreis der Autoren des R. G. Fischer Verlages vorgetragene Anregung realisiert.

Die Autoren werden mit ihren Arbeiten in alphabetischer Reihenfolge vorgestellt, so dass die Beiträge jedes Autors als geschlossener Abschnitt innerhalb des Buches präsentiert werden und auf diese Weise Einblick in den jeweiligen Arbeitsstil geben. Am Schluss jedes Bandes ist eine kurze Übersicht über die einzelnen Autoren enthalten.

Mit der vorliegenden Ausgabe liegen die Nummern 1 bis 90 vor. Der Verlag beabsichtigt, im Rahmen der »edition fischer« von Zeit zu Zeit weitere Sammelbände dieser Art herauszubringen und damit Autoren eine Möglichkeit zur Veröffentlichung auch kürzerer Arbeiten zu geben.

Autoren, die sich an weiteren Ausgaben der »Autoren-Werkstatt« beteiligen möchten, werden um Einsendung ihrer Arbeiten unter dem Kennwort »Autoren-Werkstatt« an den Verlag gebeten: R. G. Fischer Verlag, Orber Straße 30, D-60386 Frankfurt am Main.

PRESSESTIMMEN

Herr Stiastny vom Literaturverein Günzburg schreibt über Autoren-Werkstatt 2:
Die Anthologie gehört zu den besten Anthologien, die ich in den letzten Jahren kennengelernt habe. Ich lese noch immer darin und staune jedesmal über die Vielfalt der Themen, die Art der Darbietung und Ausstattung des Buches. Ich plane, diese ungewöhnlich gute Anthologie in der nächsten Ausgabe der Zeitschrift HORIZONTE Nr. 32 ausführlich zu besprechen … Im Laufe der Jahre sind mir waschkorbweise Gedichtmanuskripte zugegangen, und ich habe gelernt, Spreu vom Weizen zu trennen!

Rezension Buchjournal 1/87:
Auch die zehnte Ausgabe der Anthologie »Autoren-Werkstatt« steckt wieder voller Überraschungen – eine gelungene Mischung aus Lyrik und Prosatexten. Die Beiträge der weitgehend noch unbekannten Autoren zeigen z.T. beachtliche sprachliche Kraft und Sicherheit. Auffallend an dieser Anthologie ist die Häufigkeit, mit der die verschiedensten unwirklich anmutenden Szenarien geschaffen werden, sehr stark z.B. in Alexander Donaus Geschichte »Schönheitsreparaturen« über die merkwürdige Freundschaft zwischen zwei Ostblockemigranten, in Birgit Kahlerts Beschreibung einer fiktiven Reise nach Berlin, in Kerstin Brugbauer-Willers Geschichte von Pauls Ausgang aus den abgedunkelten Räumen.

»Der literat« in Heft 10/89 über die »Autoren-Werkstatt 15«: »In goldenen Gärten« ist die »Autoren-Werkstatt 15« überschrieben. Die Beiträge der neuen Edition sind in den Gattungen Lyrik und Prosa zu Hause. Thematisch grenzen sie sich durch Vielfalt voneinander ab. So entstehen in diesen Gärten bunte

Rabatten, zwischen denen der Leser umherschweifen kann. Zahlreiche Autoren, die hier ihre Handschrift vorweisen, sind bereits alte Bekannte aus den früheren Anthologien; so ist die Entdeckerfreude auch eine literarische, eine Weg- und Werkschau der Entwicklung der Autoren.

Tilly Boesche-Zacharow schreibt in SILHOUETTE 26/1989 über »Autoren-Werkstatt 15«: Ein Vergnügen für Leser, eine Fundgrube für ›offen gebliebene‹ Verleger. Die zumeist – noch – unbekannten Autorennamen geben Anlass zur Hoffnung, dass einige nicht unbekannt bleiben müssten, wenn sich kompetente Talentsucher mit der Anthologie beschäftigen würden und sie auf sich wirken ließen.

Eine der zahlreichen Pressestimmen zu unserer Anthologie »Autoren-Werkstatt 47«, Bonner Rundschau, August 1995: Hoffnungsblumen im bundesdeutschen Literaturgarten? »Frischer Wind« nennt die Herausgeberin Rita G. Fischer selbstbewusst Band 47 – Teil l, der auf 520 Seiten jungen deutschen Talenten ein Forum bietet innerhalb eines Literaturmarktes, in dem ansonsten ausländische Autoren dominieren.

Egon Schramm von der Axel Andersson Akademie schrieb im Mai 1995: Herzlich danke ich Ihnen für die Anthologie »Frischer Wind 4«, die ich vor ein paar Tagen bekam … Das Anthologie-Programm des R. G. Fischer Verlags hat erfreulicherweise schon Tradition, und ich halte es für eine höchst verdienstvolle Anstrengung, Autoren den Weg in die Öffentlichkeit zu eröffnen.

Das Wochenblatt für Chemnitz und Umgebung schreibt am 24.04.1996: Die … Anthologiereihe ›Autoren-Werkstatt‹ wurde 1982 gegründet und gibt seitdem Autoren die Möglichkeit, mit kürzeren Texten an die Öffentlichkeit zu treten, Lyrik und Prosa vorzustellen … Aus der Autorenübersicht mit kurzen biobibliographischen Angaben geht hervor, dass es sich um Frauen und Männer handelt, denen es um die Lust am Erzählen und Dichten geht. Daraus ergibt sich auch die Schaffensvielfalt der Schreibenden, die Unterschiedlichkeit der Thematik ... traditionsgemäß kleine Erzählungen und viele Gedichte. Neben bereits »Hausautoren« sind neue Namen zu finden ... Ein eingeschlagener Weg, den es offenbar weiterzugehen lohnt.

Sogar Briefe begeisterter »Autoren-Werkstatt«-Leser aus dem Ausland erreichen uns. So schrieb uns z.B. am 10.12.96 Wladimir Trofimow aus Rußland u.a.: Ich bin als Schuldirektor tätig und mein Hobby ist ausländische Literatur, vor allem die deutsche. Meine Freunde und ich sind sehr dankbar für die Anthologie-Reihe »Autoren-Werkstatt«. Immer, wenn ich in Deutschland bin, kaufe ich einige Exemplare für meine Freunde und mich.

Der »Chemnitzer Blick« schreibt am 18.11.1997:
»Weithin unter'm Sternenzelt«: Unter diesem verheißungsvollen Titel erschien diese Weihnachts-Anthologie 8 der Reihe »Autoren-Werkstatt«. Der dickleibige Band mit nahezu 600 Seiten umfasst meist mehrere Beiträge von 67 Schreibenden. Es sind Menschen unterschiedlichster Herkunft, des Alters und des Geschlechts. Sie alle griffen aus Neigung zur Feder, vielleicht zum ersten Mal, andere haben bereits selbständige Bücher vorzuweisen ... Es sind ernste und heitere Beiträge, zum Nachdenken und zum Schmunzeln, eben aus dem Leben gegriffen. Ein Buch, das sich zum Lesen und Vorlesen bei Kerzenschein eignet, das sich als Geschenk unter dem Tannenbaum empfiehlt.

Ula Franke schreibt in der Luckenwalder Rundschau vom 17./ 18.04.1999:
... Die Anthologie mit dem Titel »Geh still die alten Wege« wurde auch auf der Leipziger Buchwoche vorgestellt. Die »Autoren-Werkstatt« erscheint seit 1982. Auch die 66. Ausgabe

enthält wieder eine bunte Vielfalt ... »Ich bin froh über die
Möglichkeit, mit meinen Texten und Gedichten in die Öffentlichkeit zu treten«, so Pfarrer Flach, der zugleich allen »heimli-
chen« Schreibern Mut machen will, eigene Werke drucken zu
lassen.

Monika Neuenschwander schreibt in der bz vom 28.11.2000:
»Glück muss man können« ist ein neuer Band in der Buchreihe
»Autoren-Werkstatt«, eine Anthologie mit Gedichten und
Prosatexten von deutschsprachigen Schriftstellern. Glück muss
man können: Für jeden gibt es die Quellen des Glücks, er muss
nur bereit sein, sie zu finden und zu nutzen. Suchen fordert vielleicht Geduld, aber schließlich wird man belohnt. Belohnt wird
auch Jürg Berger, der vor wenigen Tagen die Zusage von seinem Verlag erhalten hat, dass in zwei weiteren Bänden der
Autoren-Werkstatt Texte von ihm publiziert werden. Darauf
freut er sich sehr.

AUTOREN-WERKSTATT in der edition fischer des R. G. Fischer Verlages, Frankfurt. ISSN 0724-9543

Autoren-Werkstatt 1. Anthologie. 1982. 232 Seiten.
€ 10,12. ISBN 3-88323-325-0
Autoren-Werkstatt 2. Anthologie. 1983. 348 Seiten.
€ 10,12. ISBN 3-88323-432-X
Autoren-Werkstatt 3. Anthologie. 1983. 292 Seiten.
€ 10,12. ISBN 3-88323-450-8.
Tiefer in den Tag gedacht. Autoren-Werkstatt 4. 1984. 332 Seiten.
€ 12,68. ISBN 3-88323-402-8
Und gehe heiter weiter. Autoren-Werkstatt 5. 1984. 256 Seiten.
€ 10,12. ISBN 3-88323-507-5
Greife ins Füllhorn. Autoren-Werkstatt 6. 1985. 304 Seiten.
€ 10,12. ISBN 3-88323-548-2
Neue Horizonte entdecken. Autoren-Werkstatt 7. 1985. 284 Seiten.
€ 10,12. ISBN 3-88323-569-5
Wie eine Insel. Autoren-Werkstatt 8. 1986. 280 Seiten.
€ 10,12. ISBN 3-88323-613-6
Spannt sich wie ein Regenbogen. Autoren-Werkstatt 9. 1986.
268 Seiten. € 10,12. ISBN 3-88323-617-9
Blätterspiele. Autoren-Werkstatt 10. 1987. 332 Seiten.
€ 10,12. ISBN 3-88323-672-1
Spuren hinterlassen. Autoren-Werkstatt 11. 1988. 436 Seiten.
€ 10,12. ISBN 3-88323-703-5
Sternenrad. Autoren-Werkstatt 12. 1988. 316 Seiten.
€ 10,12. ISBN 3-88323-752-3
Silberglanz und Morgenrot. Autoren-Werkstatt 13. 1988. 312 Seiten.
€ 10,12. ISBN 3-88323-789-2
Im Mond des Erkennens. Autoren-Werkstatt 14. 1989. 320 Seiten.
€ 10,12. ISBN 3-88323-798-1
In goldnen Gärten. Autoren-Werkstatt 15. 1989. 312 Seiten.
€ 10,12. ISBN 3-88323-890-2
Badet Tau die bunte Welt. Autoren-Werkstatt 16. 1989. 284 Seiten.
€ 10,12. ISBN 3-88323-922-4

Spiel mit dem Traum. Autoren-Werkstatt 17. 1989. 312 Seiten.
€ 10,12. ISBN 3-88323-914-3

Im sanften Honigfluß. Autoren-Werkstatt 18. 1989. 224 Seiten.
€ 10,12. ISBN 3-88323-941-0

Tanz durch Kristallpaläste. Autoren-Werkstatt 19. 1990. 260 Seiten.
€ 10,12. ISBN 3-89406-045-X

Gezeitenwechsel. Autoren-Werkstatt 20. 1990. 294 Seiten.
€ 10,12. ISBN 3-89406-143-X

Flügelschlag des Glücks. Autoren-Werkstatt 21. 1990. 256 Seiten.
€ 10,12. ISBN 3-89406-201-0

Wege der Sehnsucht. Autoren-Werkstatt 22. 1990. 220 Seiten.
€ 10,12. ISBN 3-89406-209-6

Feuer in der Nacht. Autoren-Werkstatt 23. 1991. 376 Seiten.
€ 10,12. ISBN 3-89406-221-5

Am offenen Fenster stehn. Autoren-Werkstatt 24. 1991. 256 Seiten.
€ 10,12. ISBN 3-89406-342-4

Ein Wort kann eine Brücke sein. Autoren-Werkstatt 25. 1991.
232 Seiten. € 10,12. ISBN 3-89406-367-X

Leuchten die Sterne mit tieferem Glanz. Autoren-Werkstatt 26.
Weihnachts-Anthologie 1. 1990. 292 Seiten.
€ 10,12. ISBN 3-89406-288-6

Wind und Zeit. Autoren-Werkstatt 27. 1991. 280 Seiten.
€ 10,12. ISBN 3-89406-422-6

Sonnenschrift und weiße Wege. Autoren-Werkstatt 28. 1991.
256 Seiten. € 10,12 ISBN 3-89406-474-9

Gib den Träumen freien Lauf. Autoren-Werkstatt 29. 1992.
352 Seiten. € 10,12. ISBN 3-89406-475-7

Glocken hör ich klingen. Autoren-Werkstatt 30. Weihnachts-Anthologie 2.1991. 324 Seiten. € 10,12. ISBN 3-89406-500-1

Nimm mich mit ins Zauberland. Autoren-Werkstatt 31. 1991.
188 Seiten. € 10,12. ISBN 3-89406-497-8

Segel setzen. Autoren-Werkstatt 32. 1992. 300 Seiten.
€ 10,12. ISBN 3-89406-484-6

Durch tausend Türen. Autoren-Werkstatt 33. 1992. 308 Seiten.
€ 10,12. ISBN 3-89406-559-1

Spiegelspiele. Autoren-Werkstatt 34. 1992. 320 Seiten.
€ 10,12. ISBN 3-89406-638-5

Heute zur Heiligen Nacht. Autoren-Werkstatt 35. Weihnachts-Anthologie 3. 1992. 204 Seiten. € 10,12. ISBN 3-89406-686-5

Dorthin, wo die Worte schlafen. Autoren-Werkstatt 36. 1993. 360 Seiten. € 10,12. ISBN 3-89406-704-7

Sternschnuppen schenken. Autoren-Werkstatt 37. 1993. 340 Seiten. € 10,12. ISBN 3-89406-722-5

Fenster in die Welt. Autoren-Werkstatt 38. 1993. 280 Seiten. € 10,12. ISBN 3-89406-855-8

Hoffnungsblumen. Autoren-Werkstatt 39. 1993. 336 Seiten. € 10,12. ISBN 3-89406-856-6

Blaue Blüten. Autoren-Werkstatt 40. 1994. 324 Seiten. € 10,12. ISBN 3-89406-994-5

Das kleine Glück ist oft das große. Autoren-Werkstatt 41. 1994. 328 Seiten. € 10,12. ISBN 3-89406-865-5

Weihnacht heißt mit Hoffnung leben. Autoren-Werkstatt 42. Weihnachts-Anthologie 4. 1993. 268 Seiten. € 10,12. ISBN 3-89406-940-6

Straße in den Himmel. Autoren-Werkstatt 43. 1994. 428 Seiten. € 10,12. ISBN 3-89406-996-1

Was des Nachts der Himmel schreibt. Autoren-Werkstatt 44. 1994. 316 Seiten. € 14,32. ISBN 3-89501-108-8

Zauberworte. Autoren-Werkstatt 45. 1994. 320 Seiten. € 14,32. ISBN 3-89501-159-2

Eines Tages siehst du den Stern. Autoren-Werkstatt 46. Weihnachts-Anthologie 5. 1994. 256 Seiten. € 13,29. ISBN 3-89501-080-4

Frischer Wind. Autoren-Werkstatt 47, Teil 1. Sonder-Anthologie. 1995. 520 Seiten. € 17,79. ISBN 3-89501-163-0

Frischer Wind. Autoren-Werkstatt 47, Teil 2. Sonder-Anthologie. 1995. 424 Seiten. € 17,79. ISBN 3-89501-170-3

Frischer Wind. Autoren-Werkstatt 47, Teil 3. Sonder-Anthologie. 1995. 420 Seiten. € 17,79. ISBN 3-89501-171-1

Frischer Wind. Autoren-Werkstatt 47, Teil 4. Sonder-Anthologie. 1995. 468 Seiten. € 17,79. ISBN 3-89501-172-X

Ein geheimnisvolles Warten. Autoren-Werkstatt 63.
Weihnachts-Anthologie 9.1997. 224 Seiten.
€ 12,68. ISBN 3-89501-571-7

Versteckt in jubelnder Hymne. Autoren-Werkstatt 64. 1998.
284 Seiten. € 16,36. ISBN 3-89501-613-6

Goldner Einstmalszauber. Autoren-Werkstatt 65. 1998. 356 Seiten.
€ 17,38. ISBN 3-89501-705-1

Geh still die alten Wege. Autoren-Werkstatt 66. 1999. 324 Seiten.
€ 16,36. ISBN 3-89501-782-5

Das Wort Gottes verkünden - Band l. Autoren-Werkstatt 67. 1998.
132 Seiten. € 8,59. ISBN 3-89501-707-8

Rückblick an der Schwelle zum dritten Jahrtausend. Band 2.
Autoren-Werkstatt 68. 1998. 204 Seiten.
€ 10,12. ISBN 3-89501-635-7

Wenn ein Kind nicht schlafen kann ... Autoren-Werkstatt 69.
1998. 168 Seiten. € 8,59. ISBN 3-89501-706-X

Kerzen brennen an den Zweigen. Autoren-Werkstatt 70.
Weihnachts-Anthologie 10.1998. 244 Seiten.
€ 13,29. ISBN 3-89501-745-0

In den späten Nebeln des Lebens. Autoren-Werkstatt 71. 1999.
336 Seiten. € 16,36. ISBN 3-89501-821-X

Farben hat der Herbst gesät. Autoren-Werkstatt 72. 1999. 356 Seiten.
€ 17,38. ISBN 3-89501-897-X

Glück muß man können. Autoren-Werkstatt 73. 2000. 348 Seiten.
€ 16,36. ISBN 3-89501-929-1

**Rückblick an der Schwelle zum dritten Jahrtausend – Deutsch-
land denken.** Band 3. Autoren-Werkstatt 74. 1999. 212 Seiten.
€ 11,25. ISBN 3-89501-915-1

Als trieb' ein Cherub flammend ihn von hinnen. Johann Wolfgang
von Goethe zum 250. Geburtstag. Autoren-Werkstatt 75. 1999.
172 Seiten. € 10,12. ISBN 3-89501-916-X

Die Nacht ist still und doch voll Jubel. Autoren-Werkstatt 76.
Weihnachts-Anthologie 11. 1999. 344 Seiten.
€ 17,38. ISBN 3-89501-910-0

Wer sein Herz der Stille weiht. Autoren-Werkstatt 77. 2000.
296 Seiten. € 16,36. ISBN 3-8301-0009-4

Schlafende Knospen entfalten sich singend. Autoren-Werkstatt 78.
2001. 336 Seiten. € 17,38. ISBN: 3-8301-0058-2
Sie ist da, die Zeit der Kerzen. Autoren-Werkstatt 79.
Weihnachts-Anthologie 12. 2000. 296 Seiten.
€ 16,36. ISBN 3-8301-0066-3
Licht im wechselden Spiel. Autoren-Werkstatt 80. 2001. 346 Seiten.
€ 17,38. ISB: 3-8301-0103-1
Ein Wort, das eine Brücke schlägt. Autoren-Werkstatt 81. 2001.
302 Seiten. € 16,36. ISBN 3-8301-0170-8
Blumen im Wind. Autoren-Werkstatt 82. 2001. 302 Seiten.
€ 14,80. ISBN 3-8301-0234-8
Alle Herrlichkeit der Welt. Autoren-Werkstatt 83. 2002. 352 Seiten.
€ 18,50. ISBN 3-8301-0255-0
Froh durch's Winterweihnachtsland. Autoren-Werkstatt 84.
Weihnachts-Anthologie 13. 2001. 264 Seiten.
€ 14,80. ISBN 3-8301-0290-9
Träumen in des Himmels blaue Weite. Autoren-Werktstatt 85. 2002.
320 Seiten. € 17,80. ISBN 3-8301-0426-X
Ich will von Liedern und Gedichten träumen. Autoren-Werkstatt 86.
2003. 256 Seiten. € 14,80. ISBN 3-8301-0441-3
Ein vertrauter, sillberheller Klang ... Autoren-Werkstatt 87.
Weihnachtsanthologie 14. 2002. 260 Seiten.
€ 14,80. ISBN 3-8301-0438-3
Wie schnell fliegt Glück? Autoren-Werkstatt 88. 2003. 304 Seiten.
€ 16,50. ISBN 3-8301-0482-0
Ein kleines Lächeln im Gesicht. Autoren-Werkstatt 89. 2004.
296 Seiten. € 16,80. ISBN 3-8301-0515-0
Überzuckert von leichtem Schnee. Autoren-Werkstatt 90.
Weihnachts-Anthologie 15. 2003. 208 Seiten.
€ 13,80. ISBN 3-8301-0466-9

[Artikel 17: Menschenrecht auf Eigentum]

Der Wald ist ihr Zuhause.
Spekulanten
geht er nichts an.

„Brot für die Welt" hilft Naturvölkern, das Recht
auf ihr Land gesetzlich geltend zu machen.
Mit Ihrer Unterstützung können wir eine Menge bewegen:
www.brot-fuer-die-welt.de

Brot
für die Welt
Postbank Köln 500 500-500

Powered by PUBLICIS • Photo by G. Ascholl